Regen-Tropfen

Lyrik und Prosa

Christoph Kreide

Frühjahr 2002

Copyright 2002 Christoph Kreide

Einbandgestaltung und Layout: Christoph Kreide

Illustrationen: Christoph Kreide

Herstellung: Books on Demand

Printed in Germany   ISBN 3-8311-3480-4

Ein paar Worte zuvor...

Bücher, ein mittlerweile unübersehbarer Markt. Romane, Krimis, Science-Fiction, Fantasy und vieles mehr. Wenig Lyrik, wenig Prosa... Bei der Vorarbeit für dieses Buch suchte ich den Kontakt zu einer Vielzahl deutschsprachiger Verlage. Ohne Erfolg. Einige antworteten mir allerdings auch und manche, denen mein Anliegen wohl doch ein wenig am Herzen lag, versuchten auch, mir Ratschläge und gutgemeinte Hinweise zu geben. So riet mir beispielsweise ein Verlag aus dem süddeutschen Raum, lieber einen Roman zu schreiben. Lyrik, so wurde mir gesagt, käme auf dem Markt nicht an, schon gar nicht die eines unbekannten Autors.

Ich habe dennoch nicht aufgegeben und diese kleine Sammlung von Lyrik, Prosa und dazugehöriger Illustrationen zusammengestellt.

Ich wünsche Ihnen Freude und gute Gedanken bei der Lektüre.

Oelsen, im Frühjahr 2002

Christoph Kreide

Am Morgen

Regenluft atmender Boden.

In grauem Licht glitzernde Tropfen auf den Halmen.

Schwer liegt die Erde in der Schwärze der Nässe.

Grünlich schimmernde Baumrümpfe.

Das alte Holz des Schuppens riecht nach Teer.

Rostrot das Gerippe der Karre an der Wand.

Ein Ziegelhaufen überwuchert von blühenden Kräutern.

In der Luft der schwere Duft nach Heu und Ackerkrume.

Hammerschläge klingen von weither

und auf der Leitung sitzt die einsame Schwalbe.

Dunkel ist die Hauswand vom Regen und in den Pfützen

spiegeln sich die blinden Scheiben des Stalls.

Im Buschgestrüpp dahinter singt ein Vogel.

Es ist still hier, ich verhalte meinen Atem.

Ich möchte die Ruhe nicht stören.

Augenblicke

Ich sehe Regentropfen, die an der Fensterscheibe perlen.

Spuren hinterlassen sie, flüchtige Eindrücke, ein
Wechselspiel.

Ich spüre etwas von Vergänglichkeit, doch auch von der
kleinen Ewigkeit des Augenblicks.

Ein unfaßbarer Moment, ein paar Sekunden.

Unwichtig im Leben, eigentlich nebensächlich...

Aber nicht missen möchte ich diese unwichtigen Dinge.

Nicht missen den Duft der Regenwolken.

Die Schwüle am Abend vor dem erlösenden Gewitter,
das die Luft reinigt und unsere Seelen.

Und unsere brennenden Körper erfrischt.

Ich möchte sein wie der Regen, wie ein Tropfen.

Der vom Himmel kommt und wieder zum Himmel geht.

Im ewigen unendlichen Gewirr physikalischer Gesetze...

Ein Tropfen möchte ich sein.

Vergänglich und endlich und unwichtig und
wiederkehrend.

Und immer neu...

Heimstatt

Das alte Haus, in dem ich wohne,

hat Risse schon im Mauerwerk.

Es hat den letzten Krieg gesehn',

mit Leid und Elend, Tod und Hunger.

Ich seh' den Rost der alten Wasserrohre und den Staub

der letzten siebzig Jahre.

Manche Leute, die hier lebten, sind lange tot.

Ihr ganzes Leben wohnten viele hier.

Das Haus ist Heimstatt und Geborgenheit.

Die Wiese an der Straße, mit Büschen und mit Blumen,

die kleinen Gärten hinterm Haus.

Die alten Bäume und der Duft nach Obst im Sommer.

Und die Vögel, die hier ihre Nester baun.

Ich möchte alles dies nicht missen in dieser Stadt aus

Krach und aus Beton.

Der Sommerabend auf der Gartenbank in einem kleinen

Stückchen Grün.

Das Summen der Insekten, die Wespen im Gebüsch.

Von ferne hör' ich Züge rattern und irgendwo ein Auto.

Da kommen die Gedanken und kreisen um das alte Haus

und um die Welt und auch um dich und mich.

Und ich kann etwas spüren von dem Leben, das alten

Häusern innewohnt.

Ich bin dankbar in diesem Augenblick.

Das Gleis

Frischer Morgen. Ich sehe aus dem Fenster. Über den Bahnanlagen liegt Nebel als wollte er den Kohlenstaub verdecken. Oft blicke ich morgens hinüber zu den Gleisen. Sie entführen meine Gedanken in die große unbekannte Ferne. Es ist nur eine kleine Nebenstrecke. Ein paar Züge nur sehe ich Tag für Tag vorüberfahren. Gütertransporte zumeist. Und die wenigen Personenzüge, die meist aus drei oder vier Waggons bestehen, beherbergen nur eine Handvoll Reisende. Ich könnte jene Menschen zählen, die in der Ferne im Zug an mir vorüberfahren, ohne mich am Fenster zu bemerken.

Manchmal wünsche ich mir, auch in solch einem Zug zu sitzen. Mich von einem Ort entfernend und gleichzeitig mich dem nächsten nähernd. Das Bekannte hinter mir zurücklassend. Dem Unbekannten neugierig entgegensehend. Oder manchmal vielleicht auch umgekehrt. Und dabei den Alltag abstreifen. Das Eintönige. Das Endlose. Die sinnlosen Sorgen, die vielen Aufgaben, die müde machen. Und mürbe. Und alt.

Auf einem Bahnhof möchte ich warten. Wo ich die

Menschen sehe, die gleich mir ausharren oder die es eilig haben. Wo auch Menschen sind, für die das Unterwegssein Alltag ist und Eintönigkeit. Die sich danach sehnen, so wie ich jeden Tag aus dem selben Fenster zu blicken. Und nicht unterwegs zu sein. Oder auf einem Bahnhof mit mir zusammen zu warten.

Ich kenne all diese Menschen nicht. Ich kenne nur mich. Und auch das nicht einmal richtig. Ich weiß nicht genau, wohin mein Weg führen wird. Ich habe es nicht in der Hand. Und die Wege der vielen Menschen um mich herum kenne ich auch nicht. Alles ist Zufall. Unsere Wege sind Zufälle. Irgendwo begegnen wir uns. Kreuzen, schneiden, berühren uns. Wir merken es nicht. Alles passiert außerhalb, nicht in uns. Die Fügungen sind es, die uns lenken. Die uns zwingen wollen, unser Leben so zu leben und so zu Ende zu bringen, wie es einmal begonnen hat. Ein Ausbruch ist schwer. Und der Wirrwarr um uns herum zerstört unseren freien Blick. Den klaren Blick, den wir brauchen, um unseren Weg erkennen zu können. Und um ihn zu verändern oder zu verlassen.

Ich sehe hinüber zu den Bahngleisen. Alles ist ruhig an diesem nebligen Morgen. Von fern höre ich Musik aus einem Radio. Irgendwo sind Stimmen auf der Straße und ein paar Leute gehen zur Arbeit. So wie jeden Morgen und jeden Tag, jahrein und jahraus. Alles ist Gewohnheit um mich herum. Und um die Menschen, die ich sehe, auch. Auch um die, die ich vom Fenster aus in den Zügen sehen kann, die scheinbar der Eintönigkeit entfliehen.

Kalt ist mir. Ich werfe noch einen Blick auf die Bahnanlage. Der Nebel beginnt sich zu lichten. Bald wird die Sonne durch den Dunst brechen und helles Licht und Wärme spenden. So wie jeden Tag. Und ich werde Kaffee kochen und am Tisch sitzen und die tausend kleinen Dinge des Alltags bewältigen. So wie jeden Tag. Und ich werde wieder die Züge fahren sehen und daran denken, wie schön es wäre, wenn ich in einem der Waggons säße und dem Alltag davonführe. Das Gewohnte hinter mir lassend und mich dem Neuen nähernd.

Zeichen

An Tautropfen, die auf den kahlen Ästen liegen,

bricht sich das Licht der sonnendurchfluteten Luft.

Wie ein Gitter ist das Gezweig.

Möchte festhalten die Frische des Dezembertages.

Geschmolzen ist der Schnee.

Vor ein paar Wochen gefallen und dann getaut in der

Sonne.

Die Vögel sind fortgezogen, in den Süden.

Dort ist es warm.

Ich konnte nicht mit ihnen ziehen.

Ich mußte bleiben.

Im Winter, in der Kälte, in der Verlorenheit der langen

Nächte.

Und sehe heute die Sonne.

Kondensstreifen am Himmel.

Ein Mensch dort oben, der hierblieb, gleich mir.

Und doch den Vögeln so nah und mir so fern.

Die klare Luft durchtränkt meine Lungen.

Ich atme tief.

Sauge die Moleküle in mich ein.

An diesem klaren Wintertag ohne Schnee.

Der schon vor Wochen schmolz.

Und die Vögel sind im Süden.

Ich schaue ins Geäst der dunklen Bäume.

Sinnbilder der Vergänglichkeit.

Gefangen in der Bewegungslosigkeit der Zeit.

Ziellos und ewig wartend auf Kommendes.

Trotzend der Sonne und der Kälte.

Und ohne Angst vor kommenden Zeiten, die es zu
überleben gilt.

Die stummen Zweige kennen kein Morgen und fühlen
kein Gestern.

Sie leben auf heimliche Weise.

Ich sehe Wolken am Horizont.

Sich auftürmend zu Gebirgen.

Kündend vielleicht von neuem Schnee.

Und von neuer Dunkelheit.

Denn bald wird die Sonne verhüllt sein.

Und ich falle zurück ins Nichts der langen Nächte.

Die Vögel sind in den Süden gezogen.

Frühlingsgedanken

Manchmal lausche ich den Klängen,

die lange Frühlingsnächte haben, nach.

Und dann denke ich, wie zauberhaft ist doch die Zeit,

die Mut und Kraft und neues Leben bringt.

Der Sang der Vögel in den Bäumen,

das Zirpen der Insekten,

der Wind in ersten hellen Blättern.

Natur im Aufbruch, dennoch stille.

Nie verleugnend ihre Majestät und Würde.

Jahr für Jahr schafft sie von Neuem,

ungeachtet dessen,

was zwischendurch der Mensch vernichtet.

Frühling, das ist meine Hoffnung.

Der Glaube an die stete Wiederkehr der Dinge.

Das Licht am Horizont, wenn Dunkel herrscht.

Der Mut zum Neubeginn, der mir oft fehlt.

Anfang von immer neuem Anfang.

Frühling ist ein warmer Klang.

Schwüle Nacht

Es ist dämmrig geworden. Ein warmer Junitag geht zu Ende.
Zeit für mich, zum Nachtdienst zu gehen. Lustlos und müde
fahre ich in die Schuhe, nehme meinen Beutel mit den
Butterbroten und der Flasche Tafelwasser und gehe aus der
Wohnung. Als ich das Haus verlasse, schlägt mir feuchte
Wärme entgegen, übriggeblieben vom Tag. Eigentlich hatte ich
auf Erfrischung gehofft. Nichts. Kein Windhauch macht sich
auf, meine feuchte Haut zu trocknen. Ich bin fix und fertig. Mit
Entsetzen denke ich an die neun langen einsamen Stunden, die
vor mir liegen.

Auf der Straße ist kein Mensch zu sehen. Trübe brennen die
Laternen in der Abenddämmerung. Düster wirken die dichten
Büsche, die in den Vorgärten an der Straße wachsen. Irgendwo
in der Ferne heult die Sirene eines Rettungswagens. Weit weg
verhallt das Rattern eines Zuges. Aus einem geöffneten Fenster
klingt Musik. Eine einsame Grille zirpt. Meine Schritte höre
ich nicht. Die Lichter in der Ferne. Sie gehören zur Autostraße
und zum Neubaugebiet. Bunt sind sie. Ich bin auf die Leute
neidisch, die zu diesen Lichtern gehören. Die jetzt in ihren
Zimmern sitzen oder schon in ihren Betten liegen. Ich spüre,
wie unendlich müde ich bin.

Kurz ist mein Weg zu dem Heim, in dem ich arbeite. Es ist
bequem so. Nicht immer angenehm. Laut ist das Geräusch des

Schlüssels, als ich die Eingangstür öffne. Mief schlägt mir entgegen. Der so typische Mief dieses langen Flures. Der immer da ist, Sommer wie Winter, Tag und Nacht. Jetzt hallen meine Schritte auf den Fliesen. Trübes Licht erhellt den Gang. Passend zur Atmosphäre. Noch ein paar Schritte und ich stehe vor der Tür, hinter der ich bis morgen früh meinen Dienst versehen werde. Neun lange Stunden. Wie schon so oft. Fünfhundertvierzig Minuten, die nicht vergehen wollen. So wie schon oft. Eine kleine Ewigkeit liegt vor mir und fast zögere ich, die Klinke niederzudrücken und den Raum zu betreten. Als könnte ich im letzten Augenblick noch zurück.

Ich packe den Beutel aus. Die Jacke habe ich über einen Stuhl gehängt. Das Telefon steht bereit. Für den Notfall. Aus der Küche hole ich Wasser und bringe die Kaffeemaschine in Gang. Ein paar Routineeintragungen im Dienstbuch. Unwichtig. Aber Vorschrift. Ein Blick zur Uhr. Ich nehme die Lampe und das Schlüsselbund. Der erste Rundgang.

In einigen Zimmern brennt noch Licht. So weiß ich, daß ich noch nicht ganz alleine in dem großen Haus bin. Ich gehe draußen auf der Straße am Heim entlang. Ich treffe keinen einzigen Menschen. Noch immer ist die Luft drückend und warm. Erst gegen Morgen wird es angenehmer sein. Ich verschließe einige Türen, die ich offen vorfinde. Auf dem Innenhof schrecke ich zusammen. Eine der hauseigenen Katzen springt kreischend aus dem Gebüsch. Wie ein schwarzer Blitz huscht sie um die Hausecke und verschwindet im Dunkeln. Auf den endlosen Korridoren der Wohnbereiche ist es ruhig.

20

Gewohnheitsmäßig ist mein Gang geworden und ein wenig unaufmerksam. Routine. Nicht mehr und nicht weniger. Ein wenig Gleichgültigkeit. Die einzelnen Bereiche kann ich nach dem Geruch blind unterscheiden. Oft unbeschreiblicher Brodem. Stinkendes Gemisch menschlicher Ausdünstungen. Kot und Urin. Schweißfüße. Erbrochenes. Zu lange getragene Kleidung. Pflegebereich. All diese Gerüche haben sich in den Mauern festgesetzt im Laufe vieler Jahrzehnte. Haften den Möbeln an und den Zimmern und den Menschen, die hier leben und auch irgendwann denen, die hier arbeiten.

Ich bin wieder im Dienstzimmer. Inzwischen ist die erste Kanne Kaffee fertig. Rasch der Eintrag im Dienstbuch und dann sitze ich erstmal. Den kleinen Fernseher habe ich jetzt auch eingeschaltet. Zum Lesen bin ich zu müde. Früher habe ich auch Briefe geschrieben im Nachtdienst. Das mache ich schon lange nicht mehr. Kleinigkeiten, die mir zeigen, daß ich älter werde. Die Uhr an der Wand tickt leise. Die alte Frau, die gleich nebenan ihr Zimmer hat, rückt ihre Stühle hin und her. Oft geht das die ganze Nacht so. Andere beschweren sich darüber. Weiter weg hustet ein Mann. Auch er steht oft nächtelang rauchend und hustend am Fenster. Auch über ihn regt man sich auf. Erfolglos. Verhaltensmuster. Fest eingeprägt. Nicht mehr zu verändern. Geräusche, die zum Nachtdienst gehören, an die wir uns gewöhnt haben im Laufe der Zeit. Wären sie plötzlich nicht mehr da, fehlte etwas.

Mein Blick wandert durchs Zimmer. Es ist klein und hoch. Die Wände hat man gelb getüncht. Das Licht ist trübe und es stinkt

21

nach kaltem Rauch wie in einer Kneipe. Modern und unbequem sind die Stühle. Ab und an stehe ich auf und laufe ein paar Schritte, weil mir der Hintern wehtut. In dieser Nacht scheint die Zeit stillzustehen. Nichts tut sich. Stumm steht das Telefon. Die Vorhänge habe ich vor die geöffneten Fenster gezogen. Kein Windhauch bewegt sie. Schwer und schlapp hängt der Stoff herunter. Ein Blick zur Uhr. Es ist nach Mitternacht. Geisterstunde. Ich mache meinen zweiten Rundgang.

Jetzt sind auch die letzten Lichter im Haus erloschen. Es ist totenstill geworden. Meine Schritte sind auf den leeren Gängen weithin zu hören. Ich gebe mir Mühe, keinen Lärm zu machen, aber die Stille scheint jedes Geräusch zu verstärken. Es ist ein wenig unheimlich in dem alten, verwinkelten Gemäuer. Die Flure sind unübersichtlich. Eine leichte kribblige Spannung bemächtigt sich meiner. Die Nerven sind überreizt. Meine Augen brennen. Sehnen sich nach Ruhe. Ich bin müde, aber die Vorstellung, fast den halben Dienst geschafft zu haben, gibt mir Zuversicht.

Das Fernsehprogramm ist schlecht in dieser Nacht. Langweilig. Ich schaue aus dem Fenster auf den breiten Weg, der zu den Garagen und der Wohnung des Hausmeisters führt. Eine Katze schnürt an der Hauswand entlang. Vielleicht die, die mich vorhin auf dem Hof erschreckte. Sicher ist sie auf Jagd nach Beute. Sie scheint die Schwüle der Nacht nicht zu spüren. Das Thermometer im Zimmer zeigt mehr als fünfundzwanzig Grad an. Ich wische mit dem Hemdsärmel den Schweiß von der

Stirn und versuche, ganz tief zu atmen. Die Luft im Raum ist stickig. Langsam tropft die Zeit dahin. Einförmig, monoton. Ich ringe mit der Schläfrigkeit. Vielleicht helfen ein Schluck Kaffee und eine Schnitte. Im Fernsehen läuft ein alter Western. Ich kenne ihn nicht. Dennoch schaue ich selten auf den Bildschirm. Ich kann mich nicht konzentrieren. Ein paar Stunden noch, denke ich. Ich schwitze. Es wird Zeit für den nächsten Gang durchs Haus. Ich seufze, als ich losgehe.

Draußen hat es sich merklich abgekühlt. Dankbar registriere ich die Erfrischung und beschließe plötzlich, es diesmal bei einem Gang über den Hof bewenden zu lassen. Ich muß einfach ein wenig frische Luft schnappen. Energie speichern für die letzten Stunden. Es ist alles in Ordnung, denke ich. Nichts ist zu hören. Selbst von der nahen Autostraße klingt kein Laut zu mir herüber. Es ist die Zeit der Nacht, zu der niemand auf der Straße ist. Zu der die Menschen tief und fest schlafen. Ich habe die starke Taschenlampe nicht angeknipst. Ich halte sie nur für alle Fälle in der Hand. Das Hoflicht hat einen grünlichen Schimmer, über soviel Blattgrün muß es hinweg. Es ist angenehm so. Schafft eine merkwürdige Stimmung. Etwas wie Andächtigkeit. Ich würde gerne hier den Rest der Nacht verbringen, aber ich muß zurück ins Zimmer, zurück zum Telefon.

Wie eine Welle schlägt mir die dicke Luft im Dienstzimmer entgegen. Wieder mache ich eine Notiz im Buch. Ich gehe in die Küche, um neues Wasser zu holen. Ich muß mir frischen Kaffee machen für die letzte Etappe. Draußen beginnt es sachte zu dämmern. Schon kann ich die Konturen des Hauses hinter dem Weg zur Garage erkennen. Endlich ein Zeichen, daß die Zeit nicht stehengeblieben ist, denke ich.

Vieles geht mir durch den Kopf. Aber ich kann die Gedanken nicht zu Ende bringen. Alles wird chaotisch. Ich fühle mich schlapp und ausgelaugt und freue mich auf den Feierabend. Bis zum Mittag werde ich dann schlafen. Wie ein Toter. Und aufstehen, bevor die Sonne ums Haus gewandert ist und mir ins Gesicht scheint. Gegen fünf Uhr mache ich den letzten Rundgang in diesem Nachtdienst. Alles o.k., schreibe ich ins Buch. Ich schiebe das Telefon beiseite, das stumm blieb in dieser Nacht. Keine Zwischenfälle. Im Spiegel sehe ich ein blasses Gesicht mit geröteten Augen. Erste Sonnenstrahlen künden von kommender Hitze. Ich will nach Hause. Den Fernseher habe ich längst ausgemacht. Ich brauche ihn nicht mehr. Schritte auf dem Gang. Der Frühdienst ist da. Meine Ablösung. Ich nehme meinen Kram und gehe. Mein Kopf ist leer. Ich bin sehr müde nach der langen und schwülen Nacht, als ich jetzt durch den jungen Morgen und den Gesang der Vögel nach Hause gehe.

Schlafen, denke ich.

Regengedanken

Regen in der Stadt
macht alle Häuser grau.
Regen in der Stadt
verwischt die Farben der Plakate.
Regen in der Stadt
zerreißt die scharfen Konturen des Alltags.
Regen in der Stadt
dämpft das grelle Licht der Lampen.
Verändert die Gesichter der Menschen,
die eilig durch die Straßen hasten.
Nur noch blasse Ovale,
durch nichts voneinander verschieden.
Einheitsovale,
glänzend vor Nässe.
Ovale ohne Ausdruck,
tief zwischen die Schultern gezogen.
Gebückte Menschen,
Einheitsmenschen.
Einheitlich geduckt,
vergeblicher Versuch, dem Regen zu entgehen.
Verkrampfte Körper,
instinktives Suchen nach Schutz.

Die Stadt ist flacher geworden unter dem Regen.

Schmilzt gleichsam von unten nach oben zusammen.

Die Pneus der Autos klingen anders.

Das Rufen der Vögel ist verstummt.

Im Vorgarten hockt eine Katze, geduckt auch sie.

Der Regen fällt lautlos jetzt im Winter.

Fast unsichtbar, aber mächtig.

Kein Dunst dampft auf den kalten Straßen.

Naß und schwarz die Gerippe der Bäume.

Regen in der Stadt

ist leise Melancholie.

Regen in der Stadt

hängt wie eine Drohung in der Luft.

Regen in der Stadt

dringt ein in die Köpfe der Menschen.

Und bringt Vergessen und eine kleine Stille...

Das Boot

Unter hohen Wolken führte der Weg steil abfallend hinab zum Strand, der an dieser Stelle übersät war mit Abfällen, mit Müll, den das Meer angeschwemmt hatte, als sich die Ausläufer des letzten Sturms am Gestade brachen. Rechts in der Ferne verlor sich im Dunst des aufkeimenden Morgens die Silhouette der Mole des alten Militärhafens mit dem kleinen, schon vor Jahren auf ewig verloschenen Leuchtfeuer auf ihrer weit draußen im Meer liegenden Spitze. Leise und unermüdlich rauschend rollte die See in kleinen Wellen auf den flachen, kiesigen Strand. In die klare Luft, die vom Meer her wehte, mischte sich ein unangenehmer Geruch nach Fäulnis und Verwesung. Seit Jahren schon wurde der alte Hafen zum Abtransport von Schrott, Autowracks, Müll und Gerümpel unbekannter Herkunft genutzt. Stand der Wind ungünstig, roch man, was dort in den Luken der großen russischen Schiffe verschwand. Riesige Möwen umkreisten das Hafengelände und jagten bisweilen in halsbrecherischem Sturzflug der Erde entgegen, um sich im nächsten Moment, schrille Schreie ausstoßend, wieder hoch hinauf in die Luft zu schwingen.

Hoch oben auf der Steilküste tauchte eine Gestalt auf, die sich dunkel vor den blassen Morgenhimmel schob und langsam den Abstieg über die steile, teilweise aus roh zusammengefügten Balken bestehende, in der Wand befestigte Treppe begann. Seit Generationen diente sie hier als einzig mögliche Verbindung zwischen oben und unten, zwischen dem Land hinter der Küste und der See. Nach wenigen Minuten konnte ich erkennen, daß es der Mann war, der seit ein paar Tagen in der Hütte hinter den Dünen wohnte, ein Urlauber, wie ich dachte. Er war noch nicht alt, dazu standen die grauen Strähnen in Haar und Bart im Kontrast. Auch seine Körperhaltung fiel auf. Er ging leicht gebeugt, gleichsam geduckt wie einer, der sein Leben lang zu schleppen hatte an irgendeiner schweren Last. Tief hatte er die Hände in den Taschen seiner alten Jacke vergraben, als er langsam auf mich zustapfte. "Morgen", murmelte er, als er sich an mir vorbei in Richtung Mole schob. Ich nickte und sah ihm nach, wie er in der Ferne kleiner und kleiner wurde und schließlich nur noch ein hüpfender Punkt inmitten des Gerölls war, das die Grundmauern der Mole bildete. Eine Weile entschwand er völlig meinem Blick und tauchte erst später wieder auf, weiter draußen schon, als er sich langsam dem erloschenen Leuchtfeuer näherte. Möwen umkreisten ihn, aufgescheucht von seinen Schritten, schon so weit entfernt, daß ich ihre spitzen Schreie nicht mehr hören konnte.

Ich hatte mich auf einem großen Stein niedergelassen, saß leicht vornübergebeugt, die Hände in den Taschen und scharrte mit dem rechten Fuß skurrile Muster in den Kies des Strandes. Versonnen starrte ich vor mich hin und dachte daran, daß ich mein Boot bald aus dem Wasser holen mußte bevor der Winter kam und wie dringend reparaturbedürftig es war. Ich hatte so manche Arbeit auf die lange Bank geschoben in den letzten Jahren, ganz einfach weil mir die nötigen Gelder gefehlt hatten. Nun aber gab es nichts mehr aufzuschieben; wollte ich das Boot erhalten, mußte es in diesem Winter gründlichst überholt werden.

Kurz entschlossen erhob ich mich und lenkte meine Schritte nun auch zur Mole und zum Hafen, der gleich ein paar hundert Meter weiter in der herbstlichen Morgensonne lag. Ich wollte nach meinem Boot sehen, das dort fest vertäut an einem Eisenring hinter der Mole lag. Vorbei ging ich am kahl gewordenen Gestrüpp windzerzauster Büsche, die sich am Steilufer in die sandige Wand gekrallt hatten. Hoch oben hielt sich an zwei Wurzeln ein Baum, den bisher noch kein Sturm zu fällen vermocht hatte. Langsam wurden die Steine größer, über die ich steigen mußte und bis zur Mole war es noch ein gutes Stück.

Der Dunst, der seit den frühen Morgenstunden über dem
Meer lag, hatte inzwischen den blaßblauen Himmel
überzogen und ihn mit seinem unbestimmten Grau
eingefärbt. Die Sonne hatte zu dieser Jahreszeit nicht
mehr die Kraft, durch den Schleier aus Wolkendunst
zu dringen und so hatte die Farbe der See einen
unfreundlichen und bedrohlichen Ton angenommen. Der
Wind, der von der See her blies, hatte an Stärke etwas
zugenommen und war kalt. Ich schlug den Kragen der
Jacke hoch.

Weitab vom Wasser lag eine sterbende Möwe zwischen
dem Geröll. Ihre Bewegungen waren matter geworden in
den letzten Stunden. Als die Sonne noch tief unter dem
Horizont lag hatte sie sich hierhergeschleppt und eine
Stelle am Boden gesucht, die ihr ein wenig Schutz vor
dem Wind und vor ihren Feinden bot, derer sie sich nicht
mehr erwehren konnte. Sie hatte den Kopf auf den Boden
gelegt und durch einen breiten Spalt zwischen den
Steinen konnte sie hinaussehen aufs Meer, das viele Jahre
ihre Heimat gewesen war. Und langsam, im selben Maß
wie das Rauschen des Wassers anschwoll, verwischten
sich die Konturen vor ihren Augen, bis sie übergingen in
ein wirbelndes Chaos, das in einer Lichterfülle gipfelte,

die jegliche andere Wahrnehmung auslöschte. Als ich die Möwe im Vorübergehen bemerkte, konnte sie mich schon nicht mehr sehen.

Riesige Betonblöcke versperrten am Fuß der Mole meinen Weg. Ich mußte sie überklettern, um das jenseitige Hafenbecken zu erreichen. Es war jedesmal eine anstrengende Partie, bis ich endlich schwer atmend das Hindernis überwunden hatte. Und nun sah ich mein Boot im Dreckwasser des Hafens dümpeln, bemerkte, daß mindestens eine Handbreit Wasser über den Bodenrosten stand und übersah weder die abgeplatzte Farbe auf den ehrwürdigen schwarzen Planken noch die Rostflecken auf dem einstmals weiß gewesenen Außenbordmotor. Seufzend malte ich mir Arbeit und Umfang der Ausgaben in den schwärzesten Farben aus, doch ich hing an dem alten Kahn, den ich für wenig Geld von der Fischereigenossenschaft gekauft hatte.

Mir fielen die herrlichen Fahrten ein, die ich mit dem kleinen Boot gewagt hatte. Meist hatte ich, nachdem die Bojen und die Fahrrinne passiert waren, den Motor abgestellt und das graue, oft geflickte Segel gesetzt. Es schien im Laufe vieler Jahrzehnte alle Gerüche der See in sich aufgenommen zu haben. Dieser eigene Duft verkörperte für mich den Inbegriff von Freiheit,

Einsamkeit und Abenteuer. Und dann war ich allein da draußen mit dem Boot und dem Rauschen der See und meinen Gedanken, die ich kaum noch zu bändigen vermochte. In solchen Momenten liebte ich mein Leben und die See, so schrecklich und unberechenbar sie auch sein mochte.

Hinter mir hörte ich plötzlich das scharrende Geräusch von Sand auf Steinen und fuhr zu Tode erschrocken herum. Wenige Meter von mir entfernt kletterte jener Mann aus der Hütte hinter den Dünen über die Betonbrocken dem Strand entgegen. Er schien mich nicht bemerkt zu haben und setzte unbeirrt seinen Weg fort. Seine Haare flatterten im Wind, der stärker zu blasen begann. "Es scheint Sturm zu geben", rief ich ihm zu. Er wandte sich um und hob die Hand zum Zeichen, daß er meinen Zuruf verstanden hatte. Seine Gestalt schien sich in den letzten ein oder zwei Stunden, da er dort draußen auf der Mole war, verjüngt und gestrafft zu haben. Aufrecht und fast trotzig schritt er über den knirschenden Kies den Strand entlang.

Ich wandte mich wieder meinem Boot zu und sicherte es mit einem zusätzlichen Tau gegen die Gefahren des möglicherweise aufkommenden Unwetters. Selbst hier an der Leeseite der schützenden Mole wurden mitunter

Boote im Sturm losgerissen oder hoffnungslos zerschlagen, wenn sie nicht fest genug vertäut waren. Bei meiner Tätigkeit mußte ich höllisch achtgeben, auf den schlüpfrigen, ständig vom Wasser umspülten und im Laufe der Zeit völlig glatt gewordenen Steinen nicht auszurutschen. Endlich zog ich den letzten Knoten fest und betrachtete zufrieden mein Werk.

Der Wind hatte weiter an Stärke zugenommen und die kalten, gelegentlich mit Regentropfen vermischten Böen zerrten mit Macht an meinen Kleidern. Fröstelnd zog ich die Schultern hoch und machte mich auf den Heimweg. Als ich die Betonblöcke überwunden hatte, sprang mir der Wind direkt ins Gesicht. Feiner Sand stach wie mit Nadeln auf der Haut und benahm mir in seinem Ungestüm fast den Atem. Allerlei trockenes Treibgut wirbelte über den Strand. Der Sturm riß auch am Gefieder der toten Möwe und bewegte den leblosen Körper auf groteske Art und Weise. Dunkle Wolken hatten sich aus dem ursprünglichen Dunst gebildet und jagten über den Himmel. Die Schreie der Möwen über meinem Kopf gingen unter im Getöse der allmählich höher gehenden See und manchmal blieben die großen Vögel in der Luft stehen, wenn sie sich gegen den Wind stemmten.

Ich hatte die Treppe erreicht und begann bedächtig, Stufe um Stufe hinaufzusteigen. Je höher ich kam, desto ärger wurde ich von den anspringenden Windböen gebeutelt. Endlich war ich oben angelangt und linkerhand bot sich mir ein phantastischer Blick übers Land. Bis zum Horizont streckten sich Felder und Wiesen, unterbrochen von einzelnen Baumgruppen und durchzogen von typischen Doppelreihen stille Alleen begrenzender altehrwürdiger Laubbäume. Und das einzige Geräusch, das übermächtig alles bedeckte, war das des Windes, das hier oben das Rauschen der See übertönte. Ganz hinten schimmerten die Dächer der Fischersiedlung über dem Horizont und die Masten einer Hochspannungsleitung verloren sich irgendwo in der Ferne, aufgereiht wie Perlen auf einer Schnur.

Weiter vorn waren, in die Dünen geduckt wie ängstliche Hasen, ein paar alte Fischerkaten und vereinzelt auch modernere Bungalows, zusammengefügt aus Fertigteilen, zu sehen. In der Saison waren sie alle mit Urlaubern belegt, die den Strand und die nähere Umgebung bevölkerten. Jetzt aber, wenn der Herbst gekommen war und sich auch schon der nahende Winter erahnen ließ, standen die Feriendomizile still und verwaist hinter den Dünen. Die Fensterläden waren geschlossen, die winzigen Terrassen leergeräumt und die

Schlüsselbunde lagen sicher versteckt unter den Fußmatten, so wie es hier oben schon immer gewesen war und wie es auch in hundert Jahren noch sein wird. Die Leute haben hier noch Vertrauen zueinander und auch zu den Sommergästen.

Nur aus dem Schornstein einer einzigen Hütte wirbelte ein dünner Rauchfaden, der sofort vom Wind zerrissen wurde. Dort lebte seit ein paar Tagen der Mann, der mir heute schon am Morgen unten am Strand begegnet war. Jetzt machte er sich an einem Holzstapel zu schaffen und einen reichlichen Armvoll der hellen Scheite trug er durch die niedrige Tür in die Hütte. Er hatte mir den Rücken zugekehrt und war vertieft in seine Beschäftigung. Dann verschwand er im Innern der niedrigen Hütte und ich sah seinen Schatten am Fenster auf und ab gehen.

Bevor ich mich meinem eigenen Haus zuwandte, warf ich noch einen prüfenden Blick auf die See. Das Wasser schäumte und toste zu meinen Füßen und hatte den großen Drahtkorb umgerissen, in dem die wenigen Anwohner gelegentlich ihre Abfälle verbrannten. Er erinnerte mich immer ein wenig an die "Eiserne Jungfrau" aus der Folterkammer einer mittelalterlichen Burg. Nun lag das rostige Gestell im nassen Sand und gehorchte der Macht der Böen. Das Wetter würde noch schlimm werden, das stand fest. Weit draußen auf dem Meer, noch ein gutes Stück vor der Landzunge, lief ein großer Frachter langsam und bei diesem Seegang vorsichtig den Hafen an. Manchmal war er fast verdeckt von einem anrollenden Wellenberg, um dann einen Moment später wieder weithin sichtbar aus dem Tal aufzutauchen. Er schien greifbar nahe und doch würden noch Stunden vergehen, ehe er endlich am Kai festmachen würde. Mit klammen Fingern drehte ich den Schlüssel in der Haustür herum. Das Holz war alt und die grüne Farbe darauf verblaßt. Ich stand auf dem ausgetretenen Ziegelfußboden des dämmrigen Vorraums. Ich hängte Jacke und Schlüsselbund an den Haken an der Wand und zog die hohen Schuhe aus. Es war kühl. Das Haus war ebenerdig, hatte keinen Keller und so wurde es nie richtig warm an den Füßen. Im Sommer war das eine angenehme Sache, im Winter aber eine Strafe. Die Luft roch muffig und feucht und ein wenig wie nach einem nicht richtig funktionierenden Ofen.

In der Küche setzte ich Wasser auf und ging mit dem Eimer hinaus, um Holz und Kohle zu holen. Der Wind entriß mir die Haustür und schlug sie mit lautem Krachen an die lehmverputzte Wand. Es pfiff und heulte durch die Ritzen in der Bretterwand des geteerten Schuppens und mit einiger Sorge dachte ich an die kommende Nacht, in der sich der Sturm mit aller Gewißheit noch verstärken würde. Sorgfältig verriegelte ich die Tür hinter mir, und rüttelte noch einmal prüfend an der Klinke, bevor ich mit meinem Eimer wieder zum Haus zurückging.

Inzwischen kochte das Wasser im Teekessel und ab und zu verzischte ein Tropfen auf der heißen Herdplatte. Als ich das Kaffeepulver in der Tasse überbrühte, verbreitete sich sofort ein angenehmer Duft im Raum, der mich wohlig und anheimelnd umfing.

Aus dem Wohnzimmer, neben Vorraum, Küche, einer winzigen Toilette und einer mit rohen Brettern abgeteilten Kammer unter dem Dach der einzige bewohnbare Raum in dem alten Häuschen, kam mir Grabeskühle entgegen. Fröstelnd schraubte ich den Ofen auf und hatte mit wenigen Handgriffen ein Feuerchen entfacht, das durch den Sturm rasch in die Höhe loderte. Zufrieden stellte ich den Eimer beiseite und ging mir in der Küche die Hände waschen. Ich setzte mich an den winzigen Küchentisch, nahm mir den Kaffee und die Tageszeitung und schaltete das Radio ein. Ich empfand die Behaglichkeit meiner Behausung an solchen kalten und stürmischen Tagen ganz besonders deutlich, wenn der Sturm an den Hausecken rüttelte und die Wolken über den Himmel jagten.

Der Tag verging mit Müßiggang. Am Nachmittag hatte ich mir Block und Kugelschreiber geholt und mit einer Aufstellung der Schäden an meinem Boot begonnen. Zwischendurch hatte ich am Fenster gestanden, mich an der Wärme des kleinen Kachelofens erfreut und mit dem Fernglas den Horizont über der aufgewühlten See abgesucht. Nur vereinzelt waren Schiffe auszumachen. Sie mieden bei solchem Wetter die Küstennähe und hielten sich eher weit draußen auf hoher See auf. Einmal war mir so, als hätte ich weit hinten an der Steilküste meinen Nachbarn aus der Hütte hinter den Dünen gesehen, wie er, gegen den Sturm ankämpfend, in Richtung Treppe ging. Ich schüttelte den Kopf über soviel Unverstand und überlegte, was er bei diesem Wetter wohl da draußen vorhaben könnte.

Früh setzte die Dämmerung ein und Land, Meer und Himmel verschmolzen zu einem einzigen dunkelgrauen Brei, aus dem der Wind vereinzelte Regentropfen herauswrang und sie gegen die Fensterscheiben prasseln ließ. Das Heulen des Sturmes war heftiger geworden und in den kurzen Pausen zwischen den Böen hatte die Stille etwas Beängstigendes. In der Nacht klapperte unentwegt die Schuppentür und ich schlief unruhig.

Am nächsten Morgen hatte der Sturm etwas nachgelassen, dafür prasselte der Regen um so heftiger. Ich zog meinen langen Regenmantel über, als ich das Haus verließ. Der Hafen sah leer aus; kein Schiff war bei der schweren See eingelaufen, um Ladung zu bunkern. Der rostige Kran stand still. Niemand hätte sich heute die schmale Eisenleiter hinaufgetraut, um das Ungetüm zu bedienen. Alles Geschäftige hatte der Sturm lahmgelegt und ich machte mich voller Sorge auf zur Mole, um nachzusehen, ob denn mein Boot die stürmische Nacht gut überstanden hatte.

Auch die Hütte hinter den Dünen wirkte verlassen. Kein Rauch stieg aus dem niedrigen Schornstein auf und die Fensterläden waren geschlossen. Auf dem Dachfirst saßen mit schiefen Köpfen zwei Möwen und schienen in die Weite zu lauschen. Etwas war unheimlich am Anblick dieses einsamen Gehöfts und nachdenklich begann ich den Abstieg über die steile Treppe. Ich wollte schnell zur Mole hinaus und ebenso schnell wieder zurück in meine warmen vier Wände.

Der Regen schlug mir ins Gesicht und lief in kleinen

Rinnsalen in den Kragen des Mantels. Ich hatte erst einen kleinen Teil des Weges hinter mich gebracht, als ich bereits total durchgefroren und trotz des Regenmantels durchnäßt war. Tief hatte ich die Hände in den weiten Manteltaschen vergraben, während ich mich mit zusammengekniffenen Augen über den Strand bewegte. Eine Menge Unrat hatte das Meer in den Nachtstunden an Land geworfen und es waren schon Scharen von Möwen in der Luft, die sich um Eßbares balgten. Wenn irgendwann die Sonne wieder zum Vorschein kam, würde sich ein widerlicher Gestank nach Fäulnis über den Strand legen. So war es immer.

Die Wogen rollten weit auf den Kies hinauf, um dann zischend und brausend wieder zurück ins Meer zu fluten. Draußen hatten sie noch immer weiße Schaumkämme. Der Sturm war noch lange nicht vorbei, auch wenn er nicht mehr so heftig blies. Ich dachte an die Seeleute, die in der vergangenen Nacht um ihre Schiffe und um ihr Leben gekämpft hatten. Die See war erbarmungslos und forderte unerbittlich ihren Tribut.

Endlich hatte ich die Betonklötze überwunden. Noch zwei, drei Schritte waren es bis zum Wasser, da blieb ich vor Schreck wie angewurzelt stehen. Mein Boot war verschwunden. Aber nicht der Sturm hatte es geholt oder zerschlagen, sondern es war sorgfältig von Menschenhand von dem schweren, rostigen Eisenring gelöst worden, an dem ich es gerade gestern ebenso sorgfältig befestigt hatte. Ratlos stand ich da und starrte auf die leere Mole und konnte einfach nicht begreifen, was da passiert war. Ich fand keine Erklärung und in ohnmächtiger Wut murmelte ich ein paar derbe Flüche vor mich hin. Ich blickte mich immer wieder um, als läge die Lösung des Rätsels irgendwo in der Landschaft, in der Nähe der Mole, an der Steilküste. Plötzlich durchfuhr mich siedendheiß der Gedanke, daß da ein Zusammenhang war zwischen dem Verschwinden des Bootes und dem Bewohner der Hütte hinter den Dünen, die ich für verwaist und leer befunden hatte, als ich vorhin aufbrach. Ich erinnerte mich an den Vortag, da er mir seltsam verändert schien, als er nach seinem Ausflug auf die Mole hinaus den Strand entlangging und mir fiel auch meine flüchtige Beobachtung wieder ein, als ich ihn am Nachmittag zu sehen geglaubt hatte, wie er sich durch das immer heftiger werdende Unwetter zur Treppe kämpfte. Wer weiß, welches Geheimnis den Mann umgeben hatte, das er nun auf ebenso geheimnisvolle Weise mit sich hinaus auf See genommen und für immer begraben hatte.

Nachdenklich war ich zurückgegangen zu meinem Haus.

Unwillkürlich wurde mein Blick von der Hütte hinter den Dünen angezogen, die für ein paar Tage den geheimnisvollen Nachbarn beherbergt hatte. Nur einen Steinwurf weit entfernt hatte er gewohnt und ich wußte nichtmal seinen Namen.

Am Nachmittag radelte ich in die nahe Hafenstadt und suchte dort das Polizeirevier auf. Ich meldete den Verlust meines Bootes und erwähnte auch das Verschwinden meines Nachbarn zur gleichen Zeit. Der Beamte hinter dem Schreibtisch stellte ein paar sachliche Fragen und bald konnte ich ein ausgefülltes Formular unterschreiben. "Möchten Sie, daß man nach Ihrem Nachbarn sucht?", fragte der Beamte. Ich nickte. "Kannten Sie den Mann?", wollte der Polizist hinter dem Schreibtisch wissen. "Nein.", sagte ich. Im Geist sah ich ihn am gestrigen Morgen weit draußen auf der Mole als winzigen Punkt vor dem Horizont verschwinden und setzte hinzu: "Vielleicht ein wenig."

Nach Wochen wurde mein Boot gefunden. Strömung und Wind hatten es an der Westküste der Insel stark beschädigt auf dem Strand zurückgelassen. Von dem Mann fehlte jede Spur. Tag für Tag hörte ich die Möwen schreien und ging ab und zu hinaus auf die Mole.

Als das Frühjahr gekommen war, hatte ich mich nach einem neuen Boot umgesehen. An einem dunstigen Nachmittag bei ruhiger See probierte ich es zum erstenmal aus und als ich mich umwandte und das Land am Horizont zu verschwinden begann, war mir, als sähe ich wieder die Gestalt jenes Nachbarn aus der Hütte hinter den Dünen als winzigen Punkt auf der Mole stehen und meinte, wieder das Tosen des Sturms aus jener Nacht im Herbst zu hören.

Frühlingsstimmung

Zarter Wolkenflor am Himmel.

Verschwindend in der unendlichen Bläue am Horizont.

Sanfter Sonnenschein umhüllt die winterkahlen Zweige.

Der Sang der Vögel sucht sein Echo in der Weite,

sich verlierend und doch als Nachklang bleibend.

Die Welt scheint stillzustehn.

Voll Andacht harrend und in Ehrfurcht schweigend.

Sachte nur bewegt der Wind die Bäume,

tastend und liebkosend.

Als wärn sie zarte Blütenkelche.

Würzig riecht die Luft.

Nach Kraft und Neubeginn.

Doch auch nach Tod und fernem Ende.

Und dennoch steigt mein Jubelruf empor.

Gedankenfall

Sich fallenlassen,

Fallen ins Nichts,

Fallen in die Sternennacht,

Fallen in die Tiefe,

Die unser Sein bestimmt.

Könnt ich doch

Mich fallenlassen,

Hinein in die Unendlichkeit.

Fallen, fallen, fallen.

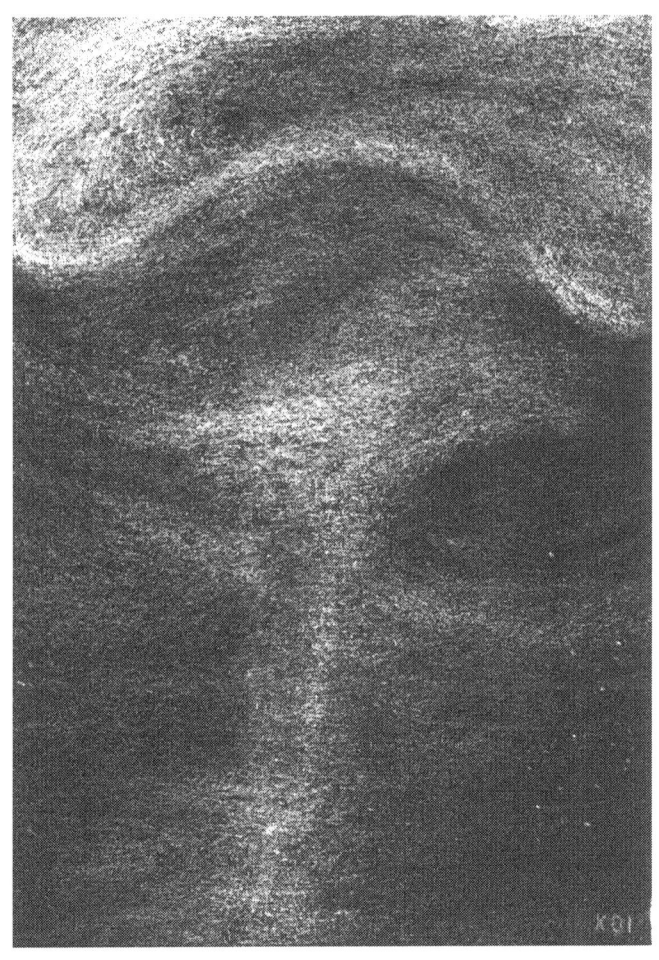

Herbst

Gelbes Laub.

Naß und schwer hängt es an den schwarzen Ästen der
Bäume.

Spiegelt sich am Boden in den schmutzigen Pfützen.

Auf denen Öllachen schwimmen.

Manchmal.

Graue Tropfen schweben in der Luft.

Bleiben in den Bärten der Männer hängen.

Wie ein Gespinst aus Tau.

Das herabgefallene Laub ist welk geworden über Nacht.

Es raschelt nicht mehr unter dem Tritt.

Am Boden klebt es.

Glitschiger, schwammiger Teppich.

Und die Stadt riecht nach Abschied.

Von den Dächern tropft Rauch aus den Schornsteinen
herab.

Der Geruch hängt sich an die Mäntel der Menschen.

Sie hasten durch diesen Herbsttag.

Eine Krähe streicht über die Dächer hinweg.

Traurig macht mich ihr Gekrächz.

Der große Vogel läßt sich zur Erde niederschweben.

Hockt auf einem naßglänzenden Baumstumpf.

Vom Gefieder perlen feine Tropfen.

Meine Schritte verhallen in den öden Straßen.

Laternen neigen in Ehrfurcht das Haupt.

Und ich spüre das Gehen der Zeit...

Januarmorgen

Der Wald schläft tief am See.
Dürres weißbestäubtes Röhricht raschelt leis im Wind.
Sonst stört nichts die Stille.
Frostkalt ist der Lufthauch.
Schneidet ins Gesicht.
Hoch am Himmel hängt der weiße Mond.
Sternumgeben.
Auf dem dünnen Eis liegt zarter Nebelschwaden.
Wie ein Traumrest aus der Nacht.
Spiegelbild des Mondes lächelt.
Schimmert über matter Fläche.
Seltsam noch verzaubert ruht der junge Tag.
Wartet auf die Morgenröte.
Und meine Schritte klingen auf gefrorner Erde...

Einschlag

Mächtig klangen die wuchtigen Schläge der Äxte durch
das riesige Geviert des alten Waldes. Tiefe Regenwolken
hingen über den Köpfen der Männer und der Vorarbeiter
blinzelte so manches Mal verstohlen zum verhangenen
Himmel empor. Die Nebelschleier, die an den Wipfeln
der hohen Bäume zerfaserten und sich im grauen Nichts
verloren, hatten die Kleider der Männer durchfeuchtet
und ihnen ein wenig von ihrer grauen Farbe abgegeben.
Hohl und erschreckend drang der Ruf eines Vogels
durch die dunstige Einsamkeit des Nachmittags. Moder
und Pilzgeruch atmete der mit faulenden braunen
Nadeln wie von einem Teppich bedeckte dampfende
Boden aus und hauchte den Männern uralte Märchen in
die Ohren.

Qualvoll stöhnte das hundertjährige Holz, wenn ein
gefällter Riese sich zu neigen begann und noch im Fallen
starb. Das Krachen und Prasseln im Unterholz schwang
sich auf zu immer neuen Totenmessen, die unverstanden
verhallten und nichts hinterließen als eine schmale
Schneise im Dickicht.

Über die schmutzigen Gesichter der Holzfäller, die teilnahmslos und erschöpft zu einheitlichen Ovalen geworden waren, lief der Schweiß in kleinen Bächen. Der Ruf des Vorarbeiters hatte sie sich aufrichten lassen und Atem schöpfen vielleicht für den nächsten Baumriesen, für die nächste übermenschliche Anstrengung in der unerträglich feuchten Luft. Sie hatten sich auf dem Boden niedergelassen; die Werkzeuge lagen verstreut inmitten der hohen Grasbüschel. Die tropfende Nässe des Waldes war wie ein stilles Tuch, das auch die Stimmen der Männer dämpfte und ihre Unterhaltung zu einem Flüstern werden ließ.

Als der letzte seinen Zigarettenkippen fortgeworfen hatte, erhoben sie sich, nahmen ihre Werkzeuge und taumelten über die Lichtung, um Hand anzulegen an den nächsten Baum. Schwer wogen die Äxte in den brennenden Handflächen der Männer. Mit entzündeten Augen musterten sie den Baumbestand rings um die Lichtung. Der Vorarbeiter wies mit der Hand auf einen Riesen des Waldes und die Männer wußten, daß der meterdicke Stamm noch einmal das letzte von ihnen abfordern würde.

Stumm begannen sie mit ihrer Arbeit. Eile war geboten, die Dämmerung brach bald herein. Jeder hing seinen

Gedanken nach, während die Gliedmaßen mechanisch und wie einer fremden Kraft gehorchend ihre Arbeit machten. Nebel tröpfelte über sie hin und die zerrissenen Lumpen, die ihre Körper bedeckten, wurden schwer.

Klein war die Wunde am Rumpf des alten Baumes, doch sie wurde ständig größer. Erbarmungslos drangen die stählernen Kiefer der Werkzeuge in den Baum ein und Schlag um Schlag brachten sie ihn seinem Ende näher. Abschätzend betrachteten die Arbeiter ihr Werk und nach einer Stunde hielten sie nocheinmal inne um ein letztes Mal Kraft zu sammeln für den Todesstoß.

Ausholender waren die Schwünge mit den Äxten geworden; die Männer legten sich ein letztes Mal ins Zeug und wollten ihr Werk vollbringen. Das nahende Ende des alten Baumes spornte sie an und sie vergaßen ihre Müdigkeit und die Schmerzen der zerschundenen Glieder. Wie ein langsam sich zur Raserei steigernder Rhythmus klangen die Schläge, bäumten sich auf zu einer wilden Tanzmelodie und in den krachenden Todesschrei des Baumriesen mischte sich der zweier Männer, die nicht mehr ausweichen konnten. Und während der Leichnam des Baumes sich federnd zur letzten Ruhe legte, hörten die Glieder der Erschlagenen auf zu zucken und eine Stille breitete sich über den Ort.

Nebliger Tag

Feucht ist die Luft.

Vereinzelte Tropfen fallen von den Blättern der Bäume.

Und lösen sich wie von selbst aus der klebrigen Luft.

Kühl ist der Wind.

Und matt in der Feuchtigkeit.

Nicht imstande, die Schwüle zu vertreiben.

Das Atmen fällt schwer.

Blei scheint auf den Gliedern zu lasten.

Hemmt die Bewegungen.

Drückt auf den Brustkorb.

Seltsam still ist es.

Passend zu der dunstigen Luft.

Die Menschen auf der Straße haben die Köpfe gesenkt.

Wie in Erwartung eines Unheils.

Zäh quält sich der Strom der Autos voran.

Scheinbar aneinander klebend.

Die Fahrer gleichen Robotern.

In der Bewegung eintönig.

Das Ende der Straße verschwimmt im Dunst.

Gemisch aus Nebel und Abgasen.

Ein Brodem aus Gift.

Der Fluch der Zivilisation.

Das Grauen der Neuzeit.

Ich gehe durch die Stadt.

Am Ende meines Weges wird eine Wohnung sein.

Ohne Nebel.

Und ohne Kälte.

Dort werde ich den Gestank der Straße nicht riechen.

Eine Weile werde ich denken, die Welt wäre in Ordnung.

Nachtschauer

Regentropfen.

Rauschend wie Wind.

Prasselnd und kalt.

Rinnend vom Dach.

Kühle ist da.

Und Aufatmen nach dem Tag.

Dunkelheit und Regen.

Stille über dem Land.

In der Düsternis

würd' ich gern singen.

Singen das Lied des Regens.

Schneeland

Der Schritt knirscht im Schnee.

Weißgepuderter Weg.

Dunst drückt verhalten atmend das Land.

Dunkel der Wald.

Die schwarzen Stämme der Kiefern schneebespuckt.

Hundegebell schwingt von fern heran.

Der graubleierne Himmel hängt tief.

Entfernungen werden kleiner.

Am Horizont mattweißes Gemisch aus Himmel und

Erde.

Diffuser Übergang.

Geräusche sind stiller heut.

Der Wind pfeift sein schneidendes Lied.

Frosttag.

Wintertag.

Schneeland.

Der Morgen

Ich gehe durch die Straße.

Still ist es und das Licht ist noch jung an diesem neuen
Tag.

Noch schläft der Wind.

Ein Rest Morgenröte ist geblieben.

Legt einen Schimmer über die Stadt.

Und über mich.

Kühl ist die Luft und voller Spannung.

Noch lebendig und faßbar in der Frühe.

Vögel sitzen in den Baumkronen.

Sie beginnen ihren Tag mit Gesang.

Meine Augen sind müde.

Die Glieder schwer.

Der steile Berg eines langen Tages liegt vor mir.

Ich werde ihn bezwingen müssen.

Gegen meinen Willen.

Schwer wird es sein, denn ich bin ohne Kraft am Morgen.

Ich gehe durch die Straße.

Letzte Ruhe vor dem Sturm des Tages.

Ich seufze und sehne mich nach dem Abend.

Wenn ich meine brennenden Augen schließen kann.

Wenn ich tief Atem hole und ein Gefühl wie Dankbarkeit

habe.

Ich bin müde am Morgen und erschöpft am Abend.

Die Last des Tages wiegt schwer.

Niemand nimmt sie mir ab.

Gern wäre ich ein Vogel und begänne meinen Tag mit

Gesang.

Der Turm

Ich habe das Eintrittsgeld bezahlt und das Portemonnaie
wieder in die Jackentasche gesteckt. Die Karte behalte ich
in der Hand. Ohnehin muß ich sie gleich vorzeigen,
wenn ich den niedrigen Eingang zum Turm der alten
Burg passieren werde, wo ein uniformierter und
betreßter Wärter darüber wacht, daß alles seine Ordnung
hat. Vor dem Einlaß gebietet mir eine Menschenschlange
Einhalt. Die Wartenden wollen die vielen Stufen zur
Zinne erklimmen, um von ganz oben den Blick übers
Land schweifen zu lassen, oder nur schnell ein Foto fürs
Familienalbum zu schießen.

Schritt für Schritt rücke ich langsam vor. Auch hinter mir
stehen mittlerweile etliche Leute. Meine Hand, in der ich
die Eintrittskarte halte, ist feucht vom Schweiß
geworden. Auch auf der Stirn spüre ich ein paar winzige
Schweißperlen, die ich mit dem Handrücken fortwische.
Ich mag solche Menschenansammlungen eigentlich nicht;
nur zu rasch wird mir die Luft zum Atmen knapp. Aber
für die herrliche Aussicht dort oben nehme ich die kleine
Unannehmlichkeit hier unten in Kauf. Es ist gleich
wieder vorüber, rede ich mir ein und versuche,

besonders gleichmäßig und tief zu atmen. Meinen Blick
habe ich auf einen imaginären Punkt im Gemäuer
gerichtet, die Augen finden keinen Ruhepol inmitten der
sich ständig hin und her bewegenden Menschen, die
obendrein noch ein unablässiges und monotones
Gemurmel erzeugen, das meine Wahrnehmungen stört
und zu Schwindel führt. Hoffentlich bin ich bald oben,
denke ich, da ist dann wenigstens die Luft kalt und
erfrischend.

Die Minuten verrinnen tröpfchenweise wie z„her Sirup.
Vor einer Stunde saß ich noch im Auto, unterwegs
hierher. Ich hatte in der Nacht schlecht geschlafen, war
morgens müde und mit Kopfschmerzen aufgestanden.
Beim Frühstück hatte ich überlegt, ob ich den Ausflug
überhaupt machen sollte. Am liebsten hätte ich mich aufs
Sofa gelegt und den Tag vergammelt. Aber ich hatte
mich dann doch noch aufgerafft, war hinuntergegangen
auf die Straße, zum Auto. Das Wetter war nicht gut
unterwegs, es nieselte und die Scheibenwischer tickten
ihre monotone Melodie. Einmal, als ich meinen Blick von
der Fahrbahn nahm, weil irgendwo rechts jenseits des
Tales irgend etwas meine Aufmerksamkeit erregt hatte,
stand mir plötzlich die Horrorvision vor Augen, ich
käme gerade jetzt in diesem Augenblick von der
Fahrbahn ab, der Wagen bräche durch die Leitplanken

und stürzte seitlich in den Abgrund. Ich mußte die Augen schließen, der Wagen machte eine leichte Schlingerbewegung, die mich wieder an die Wirklichkeit erinnerte und stöhnend nahm ich den Fuß vom Gas. Hastig kurbelte ich die Scheibe herunter und trank gierig den Schwall kalter Zugluft, der ins Innere des Wagens strömte. Mein Hemd klebte am Rücken und kalter Schweiß stand in dicken Tropfen auf meiner Stirn. Ich hatte noch jetzt ein beklemmendes Gefühl, wenn ich mir diese Augenblicke wieder gegenwärtig wurden.

Ich blicke rings um mich her in ausdruckslose Gesichter, die mich stupide anstarren. Weit entfernt sind sie, und doch ekle ich mich vor ihrer Nähe. Sie sind weiß und glatt und wie aus Kalk gemacht und mir wird ein wenig schlecht, wenn ich das Parfum rieche, mit dem sie sich vor Stunden beträufelten. Ihre Stimmen hallen in meinen Ohren nach, wie in einem Tunnel oder einem riesigen Saal. Ich stehe wie auf Watte, spüre durch die Gummisohlen keine Verbindung zur Erde und dennoch fühlen sich die Beine plötzlich bleischwer an. Ich habe Angst, nicht mehr von der Stelle zu kommen, die Gewalt über meine Gliedmaßen verloren zu haben, der fremden Menge ausgeliefert zu sein, die mich umgibt, lächelnd, voller versteckter Drohungen.

Der Anruf des Wärters bringt mich zur Besinnung. Befremdet sieht er mich an, während er mir die hingehaltene Karte aus der Hand nimmt und das kleine Dreieck hinter der Perforation mit routinierter Bewegung abreißt. Ich knülle die Karte in meine Hosentasche und ziehe den Kopf ein wenig ein, als ich den Einstieg zum Turm betrete. Drinnen ist es fast finster. Einen Moment muß ich stehenbleiben, um überhaupt etwas sehen zu können.

Die uralten, grob behauenen Granitsteine sind von Moosen und Schimmelpilzen bewachsen. Das Gemäuer ist feucht und kalt, als ich meine Hand darauflege. Die Luft riecht nach Moder und Verfall und es ist ungesund, sie einzuatmen. Ich taste nach rechts, suche im Dunkel einen Handlauf, finde auch etwas dementsprechendes und beginne langsam, die ausgetretene Wendeltreppe zu ersteigen. Eine Gruppe ausgelassen lachender Kinder mit Rucksäcken und Zeltbündeln auf den Rücken kommt mir von oben entgegen. Ich presse mich dicht an die Mauer, denke einen Augenblick daran, daß ich meine Sachen schmutzig machen könnte und werde plötzlich von der Vorstellung übermannt, jemand würde mich im vagen Dämmerlicht anrempeln, und ich stürzte schreiend die vielen Stufen hinab in die Finsternis. Meine Knie beginnen zu zittern und der Atem flattert, als fröre ich.

Haltsuchend tastet nun auch die Linke nach dem Handlauf und endlich spüren die jagenden Finger den metallenen Widerstand und krampfen sich um das kalte, runde Eisen. Ich atme heftig und sehne verzweifelt den Moment herbei, da das letzte der Kinder die Stufe passiert haben würde, auf der ich jetzt stehe. Du schaffst es, du schaffst es, denke ich und schließe die Augen, presse die Lippen aufeinander und lausche angespannt auf das Geräusch der an mir vorübertrappelnden Schuhe.

Endlich wird es still von oben und ich kann die Augen wieder öffnen. Naß klebt mein Hemd am Rücken und ich friere in der Zugluft des Turms. Zitternd vor Kälte setze ich mich wieder in Bewegung. Ich muß hinauf; zurück ist nicht mehr möglich, denn von unten drängen immer mehr Menschen nach. Die Hand, die über den Handlauf gleitet, schmerzt und ist völlig verkrampft. Mein Gesichtsfeld ist eigentümlich eingeengt, von außen her flimmern winzige Rußpartikelchen in Form konzentrischer Kreise durch die Wahrnehmungen. Die Zähne schlagen aufeinander wie im Fieber und ich bin nicht fähig, einen klaren Gedanken zu fassen. Nur der Trieb, der Enge des Turms und der bedrückenden und schweißtreibenden Nähe der vielen Menschen mit ihrem unentwegten einschläfernden Gemurmel zu entfliehen, beherrscht mein Handeln.

Ich schaue mich um und blicke in ovale, aufwärts gereckte Gesichter und spüre, wie sie alle auf mich einreden, obwohl ich im Grunde weiß, daß nur Belanglosigkeiten aus den sich bewegenden Mündern dringen, die mir nicht gelten. Dennoch beschleunige ich meine Schritte und hetze weiter die schiefgetretenen Steinstufen hinauf. Ganz oben ist ein heller Punkt zu sehen. Dort muß ich hin und mit keuchenden Lungen jage ich weiter. Das Stimmengewirr bleibt ein wenig zurück und ich hole tief Luft.

Doch die Atempause ist nur kurz. Der eiserne Handlauf erscheint mir plötzlich nicht mehr sicher genug, mir ist, als bewegte sich die dicke Außenmauer des Turms im Rhythmus der Schritte. Unwillkürlich taumle ich einen Schritt zur Innenseite der Treppe. Ich rutsche von der nächsten Stufe ab und kann nur mit allergrößter Kraftanstrengung einen Sturz verhindern; zu schmal ist hier die Trittfläche der ausgetretenen Wendeltreppe. Ich weiß nicht mehr weiter. Noch einmal für das letzte Stück die Außenmauer zu berühren, wage ich nicht. So schwanke ich denn wie ein Schilfrohr im Wind, unsicher, wankend und mit letzter Willensanstrengung dem Lichtfleck entgegen, der noch so unendlich weit entfernt scheint.

Augenblicke dehnen sich ins Unendliche, die Angst läßt die Zeit fast stehenbleiben. Lange dauert es, von einer Stufe auf die andere zu gelangen. Meine Kräfte lassen nach, meine Knie zittern und ich muß um jede Bewegung kämpfen. Da ich mich nirgends festhalten kann wächst meine Angst, ich könnte von der rundgetretenen Kante einer Stufe abrutschen und hinabstürzen. Auch die Vision, unter meinem Tritt löse sich ein Stein, beschäftigt zunehmend meinen Geist. Und hinter meinem Rücken murmeln sie, denke ich. Das Geräusch ebbt ab und schwillt wieder an, je nachdem, wie rasch ich nach oben torkele. Ich hasse dieses Geräusch, es macht schwindlig und ich muß jedesmal für einen Moment die Augen schließen. Wie im Supermarkt, wenn ich an der Kasse anstehe und fühle, wie ein Schweißtropfen nach dem anderen den Rücken herabläuft und vom Hosenbund aufgesaugt wird. Wenn ich meine Hände um das Drahtgitter des Einkaufswagens krampfe, um das Gleichgewicht nicht zu verlieren. Wo die Angst, zusammenzubrechen, von Minute zu Minute wächst.

Keuchend, zitternd und zu Tode erschöpft erreiche ich nach Ewigkeiten die Zinne des alten Turms. Ich trete aus dem Innern hinaus ins Freie und atme in tiefen Zügen die frische Luft, die der Westwind übers Land bläst. Ich würde mich gern setzen, doch die Plattform ist klein und bietet keine Sitzgelegenheit. So stehe ich, die Arme auf die breite Brüstung gestützt und spüre, wie der Wind mein Haar zaust und den Schweiß auf meiner Stirn trocknet. Plötzlich merke ich, daß ich von den Leuten umringt bin, deren leises Stimmengewirr mir auf der Treppe fast den Verstand geraubt hatte. Überall registriere ich leichte Berührungen, fast unmerkliche Stöße von Ellenbogen, Taschen, Schultern. Ich möchte ausweichen. Doch ich stehe bereits dicht an der Mauer und kann keinen Schritt mehr machen. Todesangst ergreift mich. Mein Atemrhythmus verändert sich schlagartig, als müßte ich ersticken. Nur noch hastige, flache Züge sind möglich und wieder werden meine Hände eiskalt und mein Körper ist naß von neuem Schweiß.

Fieberhaft rasen meine Gedanken. Ich habe das Gefühl, unter dem Ansturm der Menge bräche die Mauer hinter mir und ich stürzte unweigerlich in die Tiefe. Als einziger. Ich stelle mir vor Entsetzen stöhnend vor, wie ich noch im Fallen nach oben blicke und wie sich in meinen Todesschrei das Erkennen von Hohn und Gleichgültigkeit in den immer kleiner werdenden Gesichtsovalen mischt. Mit Mühe kann ich verhindern, zu Boden zu sinken. Ich taste mich Millimeter für Millimeter zurück zur Turmluke, dränge mich kaum merklich durch die Menschen hindurch, versuche, der Umklammerung zu entkommen. Es ist schwierig. Ich wage nicht, jemanden anzusprechen und zu bitten, ein wenig beiseite zu gehen. Der Schweiß läuft in Strömen und mit Befremden nehme ich seinen typischen Geruch wahr. Angstschweiß. Ausgeburten eines verdrehten Hirns, das unter dem Druck merkwürdiger Wahrnehmungen arbeitet. Ich nage mit den Zähnen an der Unterlippe, bis ich einen widerlichen süßlichen Geschmack im Mund habe. Scheiße. Auch das noch.

Kälteschauer jagen mir über den Rücken. Selbst meine Jacke ist durchgeschwitzt und im Wind hier in der Höhe friere ich entsetzlich. Es dauert lange, bis meine Finger endlich wieder Steine berühren und mein Gehirn mir signalisiert, daß ich zunächst der akuten Gefahr entronnen bin. Vorsichtig dränge ich meinen zitternden Körper durch den engen Einstieg zur Treppe. Mein Fuß findet lange keinen Halt und endlich spüre ich festen Widerstand. Tastend beginne ich mit dem Abstieg. Mein Körper ist völlig schwach geworden in den letzten Minuten der Angst und so dauert es sehr lange von Stufe zu Stufe. Noch immer wage ich es nicht, mich am Handlauf festzuhalten, da ich nach wie vor fürchten muß, die Außenmauer könnte nachgeben. Jeder Schritt kostet wahnsinnige Konzentration und es ist jedesmal eine große Überwindung, das Gewicht des Körpers auf den Fuß zu verlagern, der auf der niedrigeren Stufe steht. Die furchtbare Vision des Sturzes von der Treppe steht mir ständig als Bedrohung vor Augen und manchmal rast die Szene von heute morgen auf der Autobahn durch meinen Kopf.

Ich weiß nicht, wie lange ich noch brauche, um den Fuß der Treppe und dadurch Sicherheit zu erreichen. Ich weiß aber, daß es nicht mehr lange dauern darf, denn ich bin am Ende. Ich halte die Angst nicht mehr aus, die damit verbundenen körperlichen Strapazen sind unbeschreiblich. Wie im Fieber schlagen meine Zähne aufeinander und ich kann nicht feststellen, in welcher Höhe ich mich noch befinde. Der untere Einstieg ist dunkel und bietet somit keinen Anhaltspunkt. Im Schneckentempo lasse ich Stufe für Stufe hinter mir. Mit Entsetzen denke ich daran, daß ich daheim drei Treppen hoch wohne und auch diese Stufen noch werde bewältigen müssen. Ich möchte schreien, doch es kommt nur ein leises Stöhnen über meine trockenen, aufgeplatzten Lippen. Mein Atem geht rasselnd wie bei einem Schwerkranken.
Blind stolpere ich die letzten Stufen hinab. Ich falle auf die Knie und richte mich mühsam an der Wand wieder auf. Kopfschüttelnd betrachtet mich der Wärter, als ich

an ihm vorbeitaumele und mit fahrigen Fingern das Taschentuch aus der Hosentasche ziehe, um mir das Gesicht abzuwischen. Meine Hose ist dreckig geworden; das nehme ich wie durch einen Schleier hindurch wahr. Aber es ist mir egal. Ich habe den Abstieg überlebt, nichts ist mir geschehen, trotz aller böser Ahnungen und Ängste.

Als ich die Tür meines Wagens aufschließe und mich auf den Fahrersitz schiebe, drängt sich mir die Erinnerung an die Herfahrt wieder auf und ich muß ganz tief atmen und einen Moment die Augen schließen, als ich den Zündschlüssel herumdrehe und den Gang einlege.

Sonnenglut

Mittagshitze in der Stadt.

Lähmend auf Häusern, Autos und Menschen lastend.

Wind weht, kräftig sogar, kühlt aber nicht.

Jeder Schritt ist zuviel, die Weste hängt über der Schulter.

Ich komme nur langsam voran.

Der Schweiß läuft, das frische Hemd klebt am Rücken.

Ich suche Schatten.

Erfolglos.

Die staubbedeckten Bäume spenden keine Kühle.

Die Füße brennen in den leichten Turnschuhen.

Gern zöge ich sie aus.

Um sie einzutauschen gegen Sandalen.

Die Leute haben die Rollos heruntergelassen.

Häuser und Straßen wirken verschlafen.

Die Autofahrer hocken hinter den Scheiben.

Versuchen sich mühsam zu konzentrieren.

Hitze und Abgase bilden ein tötendes Gemisch.

Gift für Körper und Geist.

Ich blicke zum Himmel.

Bleiern hängt er über mir.

Die Sonne brennt ohne Erbarmen.

Gewitter hat der Wetterbericht angesagt und Regen.

Labend wären ein paar Tropfen auf der Haut.

Oder am Wasser im Schatten zu liegen.

Und die Boote zu beobachten und die badenden

Menschen.

Oder ein kühles Bier in einem kleinen Cafe.

Wie eine Fata Morgana tauchen die Bilder in mir auf.

Ich kann nicht zum Wasser und auch kein Bier trinken.

Einen Kaffee zu Hause, den schaffe ich noch.

Vielleicht den Kopf unters kalte Wasser.

Dann werde ich zum Dienst gehen.

In der sengenden Hitze.

Wenn ich zurückkomme, wird Nacht sein.

Aber die Wärme wird bleiben.

Der Gesang des schwarzen Vogels

Die Zeit ging dahin.

Zuzeiten trug sie eine Maske.

Ich sah nicht, wohin sie ging.

Ich spürte nur, wie sie durch meine Finger glitt.

Unfaßbar in den Augenblicken und quälend in den
Tagen.

An denen es trüb war und kalt und leer.

Die Zeit ging dahin.

Unsichtbar.

Dennoch Licht und Schatten malend.

Unendlich leicht.

Und dennoch prägend tiefe Spuren in den Gesichtern.

Wie ein Pflug im feuchten Acker im Frühling.

Flüchtig.

Aber dennoch unlöschbare Erinnerung in den Herzen.

Und fortlaufend wie die Spur im Schnee.

Die Zeit ging dahin.

Müder wurde ich mit den Jahren.

Kritischer wurde mein Denken und die Horizonte enger.

Krummer wurde der Buckel.

Gebeugt von Getanem und Unterlassenem.

Wehmütig der Blick an den trüben Herbsttagen.

Gesenkt und nach rückwärts gerichtet.

Das Krächzen der schwarzen Vögel klingt anders.

Die Zeit ging dahin.

Vorbei an den Grabkreuzen meines ICH.

An den Hoffnungen der Kindheit.

Und an den Kapitulationen der Jugend.

Die Zeit mit ihren Gesellen hat mich verändert.

Zertreten die lodernden Feuer der Träume.

Ausgeblasen die Lichter der Erwartung.

Dennoch, ein paar Funken glimmen noch.

Und der schwarze Vogel singt krächzend sein Lied...

Abendspaziergang

Wolkenfetzen hingen tief am Himmel, jagten zerfasernd
vorm Sturm her. In der Nacht waren armdicke Äste von
den Bäumen gebrochen und lagen nun wie Barrikaden
kreuz und quer auf der buckligen naßglänzenden
Asphaltstraße. Ab und an stiebte feiner Regendunst über
das stopplige Getreidefeld, das vor Zeiten abgeerntet
worden war. Es roch nach fauligem Gras und von
irgendwoher kroch der kräftige Geruch von
Schweinemist heran.

Es dämmerte. Früh schon, der Sommer hatte sich zum
Ende geneigt. Der Mann schritt kräftig aus. Der
hechelnde Atem des schwarzen Hundes war der einzige
vernehmbare Laut eines Lebewesens. Von Zeit zu Zeit
blickte sich der Hund um nach seinem Herren, fragend,
unterwürfig. Ein großes starkes Tier mit mächtiger
buschiger Rute und breiten Pranken. Es roch stark in der
Feuchtigkeit der Luft.

Am jenseitigen Rand des Feldes lag das Dorf,
hingeduckt, leuchtende Dächer neben verfallenden,
klein. Die wenigen Häuser, die sich an den Rand der
Straße schmiegten, schwiegen. Nur vereinzelte Lichter

funzelten in das Dämmer des frühen Abends. Ganz sachte stieg Rauch aus einem Schornstein. Die Gasheizungen hatten die meisten Herdfeuer erkalten lassen. Wehmütig dachte der Mann an vergangene Tage und an Prometheus, noch den Geruch des Rauches von Holz und Kohle in der Nase.

Der Wald lag schon in Dunkelheit. Die Wipfel der hohen Kiefern neigten sich und rauschten im Wind. Äste knarrten trocken und in der Ferne verlor sich das Brummen eines Lastwagens. Die dürren Finger seiner Scheinwerfer sah der Mann noch ein Weilchen durch die dunkle Allee tasten.

Es waren nur noch wenige hundert Meter Wegs, und das kleine Dorf würde umrundet sein. Der Mann war nicht lange unterwegs gewesen mit seinem Hund. Ein Abendgang, mehr nicht. Die Dunkelheit wurde tiefer, schwärzer. Die Konturen der Gehöfte verschwammen, verwoben sich zu einem seltsamen Ganzen.

Der Mann fror. Die feuchten Haare hingen in der Stirn, die trüben Lichter rückten näher und die bernsteinfarbenen Augen des Hundes glitzerten gespenstisch im Widerschein. Der Mann hatte den Kopf geneigt, als lauschte er in die nasse Stille, die die

Gedanken kriechen ließ. Und dann erblickte er hinter dem dunklen Fenster seiner kleinen Werkstatt das matt wabernde Rot des heruntergebrannten Holzfeuers in der ausgedienten Kochmaschine, die er sich aus dem Gestern ins Heute hinüberbewahrt hatte. Er war zu Hause.

Gestern

Ich traure den Tagen hinterdrein,

da die Dorfstraßen kopfsteingepflastert waren.

Die Höfe grau, Zäune aus Holz,

Linden unverschnitten prangten.

Duft nach Stroh und Mist.

Katzen bucklig in der Sonne saßen,

Hühner auf dem Anger fraßen.

Der Kachelofen in der Gastwirtschaft.

Fernab das Gespann des Bauern Furchen zog.

Und ein Sang war in der Luft,

schöner können's Lerchen nicht.

Gestern ist Vergangenheit.

Heute ist so kalt.

Frühsommer

Leichter Dunst in der Luft.

Fühlbar, kaum die Sicht behindernd.

Atem des moorigen Bodens.

Kündend die Nähe des Sees.

Grün sind die hohen Halme.

Wind bewegt sie und sie flüstern.

Nicht weit reicht der Blick, aber doch bis hoch zum

Himmel.

Wärme liegt auf dem Land.

Wie eine Decke aus Daunen im Winter.

Bäume recken mächtig ihre Kronen.

Genährt von sumpfiger Erde.

Blätter rascheln und breiten ihren Schatten aus.

Die Luft ist süß vom Duft der Blüten.

Berauschend und fern und seltsam.

Wie ein orientalisches Märchen.

Still ist es.

Gut tut der Sang der Vögel und das Summen der

Insekten.

Weit in die Ferne rückt die Welt.

Das Morgen wird Nebensache.

Taumlig erhebt sich ein Schmetterling.

Ob er wohl weiß, wie schön es hier ist?

Gewitterstimmung

Beklemmende Hitze.

Schwüle.

Legt sich lähmend auf Körper und Geist.

Nimmt den Gedanken die Schärfe.

Bricht die Kraft der Tat.

Schweiß bricht aus den Poren.

Bedeckt den Leib.

Wie eine warme, feuchte Kluft.

Die ich nicht abstreifen kann.

Die mich gefangenhält.

Und die die Sehnsucht nach Befreiung in mir weckt.

Nach kühlem Luftzug.

Nach tiefen, erquickenden Atemzügen.

Wie ein Asthmakranker fühl' ich mich.

Der herbeisehnt das Ende des Anfalls.

Ich freu' mich auf das kommende Gewitter.

Sich ankündigend mit fernem Donner.

Blitze zucken, Regen rauscht.

Frisch ist die Luft und angenehm.

Ich hab' die Fenster aufgemacht und atme gierig.

Vergessen ist jetzt alle Qual.

Das Vorhin scheint nun fern zu sein.

Weit weg und nie durchlitten.

Ich lebe jetzt und nicht vor Zeiten.

Ich freu' mich über diesen schönen Augenblick.

Das Schwarz der Bäume

Naßkalt ist die Luft. Aus der Ferne dringt Lärm von Autos an mein Ohr. Der Schneeregen peitscht in mein Gesicht. Die Augen habe ich zusammengekniffen. Nur einen Spalt breit sind sie noch offen. Tief stecken die Hände in den Taschen der alten Winterjacke. Gut, daß ich sie anhabe. Die Menschen, denen ich unterwegs begegne, haben die Köpfe gesenkt. Ohne Hälse stecken sie zwischen den Schultern. Wie Gnome, denke ich. Ein wenig schmunzle ich beim Anblick all dieser verschobenen Gestalten. Mich selbst kann ich zum Glück nicht sehen.

Als ich um die Ecke biege, nimmt mir der anspringende Wind für einen Moment die Luft. Nasse Papierfetzen und Sand vermischen sich mit den Schneekristallen und Regentropfen. Ich spüre, wie sich mein Gesicht verzerrt. Unwillkürlich. Zu einer grotesken Maske. Die Augen sind für einen Moment fest zugekniffen. Ich drehe mich um, biete dem Wind den Rücken. Nasse Haarsträhnen flattern mir um den Kopf. Mit beiden Händen streiche ich sie aus dem Gesicht. Da läßt der Wind nach, die Böe ist zur nächsten Hausecke gesprungen.

Naß und schwarz stehn die Bäume im Stadtpark, vom Wind geschüttelt. Gespenstisch wirken die Gerippe im nassen Schnee. Die leblosen Baumskelette, an denen ich vorüberhaste, verschwinden hinter mir im kalten Grau des schmutzigen Märztages. Fauliges schwarzes Laub vom Vorjahr liegt wie ein häßlicher Teppich auf den Wegen. Ein paar leere zerbeulte Bierbüchsen mit grellbunten Aufdrucken liegen herum. Farbflecke in der tristen Atmosphäre, auf seltsame Weise schön. Die grauen Müllsäcke in den Papierkörben sind leer. Kaum jemand ist im Park. Nur ein alter Mann mit seinem Hund kreuzt meinen Weg in der Ferne. Fast kann ich den starken Geruch des Tieres in diesem Wetter spüren. Die Autos fahren langsam. Die Scheibenwischer kämpfen unermüdlich und eintönig gegen den milchigen kalten Brei auf den Frontscheiben. Weiße Abgaswolken zerwirbeln in der Luft. Kriechen am Boden entlang wie Nebelschleier. Der Putz der Häuserwände im Einheitsgrau an diesem Tag. Die ganze Stadt ist verschmolzen zu einem großen schmutzigen Klumpen. Ohne Anfang und ohne Ende und ohne Hoffnung, einen Ausgang zu finden.

Meine Jacke ist schwer geworden. Ich spüre, wie die Nässe langsam über den Rücken kriecht. Die Regentropfen laufen über mein Gesicht, bleiben einen

Moment im Bart hängen und fallen dann zur Erde. Ich beginne zu frieren. Meine Schritte sind schneller geworden. Noch ein paar hundert Meter, und ich bin zu Hause. Wärme umfängt mich, als ich meine Wohnung betrete. Der Regen prasselt an die Fensterscheiben. Und die Bäume vorm Haus sehen längst nicht mehr so schwarz aus wie die vorhin im Stadtpark.

Die Farben der Stille

Grauer Himmel über grauen Mauern.

In der fernen Trübe zieht ein Vogelschwarm.

Fader Rauch steigt aus den Schloten.

Wird hinabgedrückt zum Boden.

Die Geräusche klingen leise und verhallen ohne Echo.

Der Schritt der Menschen schleppt dahin.

Wie schwere Bürde tragend.

Und das Geschrei der Wintervögel durchzieht die Luft

wie scharfe Messer.

Feine Tropfen schwimmen in der feuchten Luft.

Dringen ein in alle Körper.

Umschließen uns wie Hüllen.

Die alten Telegraphendrähte hängen schwarz und

schwer.

Braunes Laub vom Herbst glänzt in den Gärten.

Naß und faulend liegt es, zu neuer Erde werdend.

Einsam hockt ein dunkler Vogel im Gestrüpp.

Bewegungslos und stumm.

Bang atmend liegt die Erde.

Wartend auf die ersten Sonnenstrahlen.

Ein Duft wie Hoffnung in der Luft.

Erwartung und Vernichtung.

Das Drängen nach Vollendung.

Nach Leben und nach frühem Tod.

Grau sind die Menschen.

Und grau ist die Stille der trüben Tage.

Morgenluft

Am Morgen war die Luft klar, sauber und rein.

Niemand dachte an Schmutz oder Unrat.

Der Gedanke an Böses lag fern.

Nichts war da, das an der Wahrheit hätte zweifeln lassen.

An der großen Wahrheit, an die jeder insgeheim glaubt.

Keiner sagte, daß die Menschen schlecht wären.

Nicht an so einem Morgen.

Niemand legte die Stirn in Falten an diesem Morgen,

als wäre er mit etwas nicht einverstanden.

Das Radio war leise eingestellt an diesem Morgen,

als die Nachrichten kamen vom Krieg und vom Tod.

An diesem Morgen.

Als die Luft so sauber war und rein...

Septemberabend

Reglos harrt der Wald
und unter grauem Nebel
seufzt die Last der Stille.
Kein Vogelsang, kein Wind.
Feuchten Atem strömt die Wiese
und fernab ruht das Dorf.
Der Laternen matter Schimmer
kämpft mit dem kühlen Dunst,
der immer dichter wird.
Stoppelfelder bis zum Waldesrand,
Geruch von Erde, faulem Stroh,
und tropfend rinnt die Zeit.
Der Herbst schickt seine Boten aus.
Sommer ist schon fern.
Der Storch, der auf der Wiese war, ist fort.
Die grünen Blätter gilben sich
und schwerer wird mein Herz.

Gesichter

Augen blicken auf mich.

Große Augen, kleine Augen.

Mit Schärfe werde ich gemustert.

Kontrolle.

Sie kontrollieren mich.

Ich kontrolliere sie.

Sie kontrollieren mich nicht.

Haben eine Botschaft im stummen Blick.

Wirre Ideen aus leergefegten Schädelhöhlen.

Irritieren mich.

Schauen nicht weg.

Starr verfolgen sie meinen Gang.

Ich kann die Nachricht nicht entschlüsseln.

Meine Lippen zittern.

Versuchen vergeblich, Worte zu formen.

Speichel rinnt aus den Mundwinkeln.

Ich mühe mich um Konzentration.

Versuche, die Wirrnis zu durchschauen.

Die knotigen Orakel zu deuten.

Die Augen schauen mir zu bei meiner Qual.

Fixieren mich.

Machen mich vollends nervös.

Die Gedanken entfliehn.

Es ist mir nicht möglich, sie zu ordnen.

Und im Nacken sitzen mir die Augen.

Leblos blicken sie und kalt.

Schweiß bedeckt meinen Körper.

Die Bewegungen sind gestört.

Die beobachtenden Augen lähmen die Nerven.

Ich bekomme zu wenig Luft.

Der Versuch, den Kragen zu öffnen, mißlingt.

Ich sinke auf die Knie.

Fahrig tasten meine Finger am Körper auf und ab.

Die Augen scheinen zu lächeln.

Grausam und eisig.

Laut geht mein Atem.

Pfeifend entweicht er der trockenen Kehle.

Mein Hals scheint enger zu werden bei jedem Zug.

Ich kauere am Boden.

Entsetzen packt mich.

Die Augen rufen nach mir, immer lauter.

Ich kann mich nicht wehren.

Die letzte Chance ist lange vertan.

Ich will wegsehen.

Es geht nicht.

Meine Augen müssen in die Augen starren.

Wie in einen Tunnel.

An seinem Ende ist ein Schimmer.

Neblig wird es vor mir.

Langsam zu kreisen beginnende Röte.

Spiralen aus rot schimmernden Augen drehen sich.

Wirbel aus Angst und Hoffnung.

Immer schneller.

Wie in einem Strudel.

Ich werde hineingezogen.

Kann mich nirgends halten.

Kein Schrei ist möglich.

Dazu fehlt die Luft.

In meiner Lunge ist kein Sauerstoff mehr.

Langsam beginnen die starren Augen zu verblassen...

Das Märchen von Herrn Holle

Es war einmal ein Mann. Kein gewöhnlicher Mann. Oh nein. Es war der Mann von Frau Holle, die im letzten Jahr an einer Bettfederallergie gestorben war. Kein Wunder. hatte sie doch Tag für Tag die Betten so gewaltig schütteln müssen, daß die Kinder in der weiten Welt Schnee hatten. So begann sie eines Tages zu niesen, wenn sie mit den Federbetten hantierte und irgendwann nieste sie schon, wenn sie das Bettzeug nur von weitem sah. Und irgendwann starb sie, auch die berühmtesten Ärzte konnten ihr nicht helfen.

Nun war der arme Herr Holle ganz allein zurückgeblieben. Er war sehr traurig. Pechmarie und Goldmarie waren längst wieder fort mit ihrem wohlverdienten Lohn. Und so lebte Herr Holle in seinem großen Haus und weinte den ganzen Tag. Und auch die Kinder auf der Welt weinten, weil es nicht mehr schneite. Zuweilen hatte Herr Holle versucht, es seiner Frau nachzutun, und packte voller Verzweiflung das dicke Federbett und schüttelte es aus Leibeskräften. Aber nicht eine einzige Feder wollte davonfliegen, auch nicht die allerkleinste. Er konnte sich Mühe geben wie er wollte, es ging einfach nicht. Herr Holle ließ mutlos den Kopf sinken und setzte sich erschöpft in seinen Schaukelstuhl.

Als es Nacht geworden war, trat Herr Holle ans Fenster. Das war gar nicht so einfach. Denn seitdem seine Frau gestorben war, hatte er noch nicht ein einzigesmal aufgeräumt. Alles lag kunterbunt durcheinander. Herr Holle mußte sehr aufpassen, um in dem Wirrwarr nicht zu stürzen. Und durch das blind gewordene Fenster konnte er nicht einmal mehr die Sterne am Himmel erblicken. Seufzend wischte er sich eine Spinnenwebe aus dem Gesicht und öffnete das Fenster.

Draußen blinkten Millionen von Sternen am Firmament. manche waren groß und hell, andere wieder winzig klein und kaum noch zu erkennen. Und ganz unten sah Herr Holle die Welt liegen, deren Oberfläche überall ganz dunkel war, weil es ja keinen Schnee mehr gab. Voller Trauer blickte Herr Holle wieder auf zum Himmel. Und da war es ihm plötzlich, als würde ein ganz besonders heller Stern ihm zuzwinkern und ihm wurde ganz merkwürdig ums Herz. Ob das wohl der Stern von seiner Frau war, auf dem sie jetzt wohnte und ihm zusah? Ganz nachdenklich schloß Herr Holle das Fenster und ging zu Bett. Heute war er gar nicht mehr so traurig, nur ganz still war er geworden.

Die Morgensonne, deren Strahlen sich mühsam durch die trüben Scheiben des Fensters tasteten, weckte Herrn Holle am anderen Morgen. Er rieb sich die Augen, sah das Chaos um sich herum und sofort fiel ihm der Stern ein, den er in der letzten Nacht gesehen hatte. Entschlossen schlug er das dicke Federbett zurück und stieg aus dem warmen Bett. Dann räumte er sich eine kleine Ecke vom Tisch auf, gerade so viel, daß eine Kaffeetasse und ein Teller Platz hatten und frühstückte.

Den ganzen Tag über polterte, klapperte und rumorte es im großen Haus der Holles. Her Holle räumte auf, wischte die Fußböden, wusch das Geschirr ab, das sich schon überall in hohen Türmen aufgestapelt hatte und putzte alle Fenster im Haus. Und das waren sehr viele. Es wurde dämmrig, und Herr Holle war immer noch nicht fertig. Viele Abfallsäcke mit Gerümpel hatten sich im Laufe des Tages gefüllt und die trug er nun hinaus. Unwichtiges hatte er weggeworfen, Dinge, die er seit Jahren nicht beachtet hatte. Dinge, die eigentlich überflüssig waren. Er hatte nur behalten, woran er hing. Ein Bild von Frau Holle, die Bücher und die wenigen Sachen, an denen sich sein Herz besonders erfreute.

Und wieder war es Nacht geworden. Völlig erschöpft aber voller Zufriedenheit sah sich Herr Holle um. Alles im Haus war sauber und ordentlich. Im Kamin prasselte lustig ein Feuer und selbst der Mond, der ein wenig von seinem Licht in Herrn Holles Haus sandte, schien zu lächeln. Herr Holle trat ans Fenster und obgleich er die Sterne heute auch so sehen konnte, stieß er die blitzblanken Flügel weit auf. Wunderbare Nachtkühle umfing ihn. Und sein Blick wanderte wieder über den dunklen Sternenhimmel und er entdeckte den Stern, der ihm in der letzten Nacht zugeblinzelt hatte. Und, Herr Holle wollte seinen Augen nicht trauen, er zwinkerte auch heute... Sinnend stand Herr Holle noch ein Weilchen am Fenster. Und zum erstenmal, seitdem Frau Holle gestorben war, fühlte er sich zufrieden und sogar ein wenig glücklich.

Am nächsten Morgen wurde Herr Holle wieder von der hellen Morgensonne geweckt. Rasch sprang er aus dem Bett und summte dabei vor sich hin. Als er das Fenster geöffnet hatte nahm er sein dickes, kuschliges Federbett, legte es auf das blitzblanke Fensterbrett in die Sonne und begann es aufzuschütteln. Und da, oh Wunder, begannen die Federn ganz sachte zur Erde zu schweben. Es wurden immer mehr und immer mehr und auf der Erde bei den Kindern schneite es. Er konnte hören, wie sie jubelten und aus ihren Häusern auf die Straße liefen. Herrn Holle liefen vor Freude die Tränen über die Wangen und er dankte im Herzen dem kleinen Stern und wußte, daß es von nun an wieder jeden Tag schneien würde in der Welt.

Und wenn Herr Holle nicht gestorben ist, dann schüttelt er noch heute jeden Tag sein Bett auf und der kleine Stern am Himmel lächelt...

Nacht

Schwarze Gewölke am Himmel.

Kein Stern zu sehn.

Nachtdunkel das Dorf.

Hingeduckte Häuser.

Stille atme ich.

Der Dunst des Bodens ist kalt.

Die Knospen der Büsche ruhn in der Nacht.

Die Vögel sind lange stumm.

Und ich steh am Fenster.

Warte auf den Morgen.

Horizonte

Wechselnde Schatten.

Wolkenzauber.

Regenschleier über dem Land.

Von Sonnenstrahlen zerrissen.

Wind peitscht die See.

Hoch gehn die Wellen.

Gischt sprüht von den Schaumkämmen in mein Gesicht.

Salzig schmecken die Lippen.

Der Blick wandert zum Land.

Die Küste ist steil.

Licht und Schatten malen sie an.

Geben ihr Leben und Ausdruck.

Trotzig liegt das Land vor dem hohen Himmel.

Wuchtig und voller Kraft.

Unnachgiebig der See die Stirn bietend.

Schaumstreifen am Ufer leuchten weiß.

Künden von der Gewalt des Wassers.

Unendlich weit der Blick zur offenen See.

Weiße Segel am Horizont.

In der Ferne taucht eine Fähre auf.

Sie hat die See überquert.

Nimmt Kurs auf die Insel.

Der Wind zerrt an meiner Jacke.

Ich stehe am Schanzkleid des Kutters.

Er rollt und stampft im Rhythmus der Wogen.

Das offene Meer.

Ich wünschte, der Augenblick wär' ewig.

Spreewald

Schilfgedeckte alte Häuser

stehn Spalier an Wasserwegen.

Summen von Insekten

in modrig warmer Luft.

Es riecht nach Heu und Sommerblüten.

Leise murmelnd rinnt das alte Wasser.

Schwarze Kähne ziehen ruhig ihre Bahn.

Hinter Hecken hör ich Kinder lachen.

Schlangen dösen in der Sonne.

Vogelsang ist überall.

Die alten Weiden rauschen

und ich weiß: ich komme wieder...

Unsichtbarkeit

Grau ist der Morgen.

Schwerer Dunst verhüllt den Himmel.

Mühsam nur öffnen sich die Augen.

Wollen nicht aufnehmen die fahle Farbe des Tages.

Das bedrückende Nichts.

Lähmend die Freude und die Kraft.

Gedämpft sind Lichter und Geräusche.

In schmutzige Watte gepackte Welt.

Ein Schauer läuft mir über den Rücken.

Kalt ist es geworden.

Ich zögere, das Fenster zu öffnen.

Will nichts hereinlassen von draußen.

Das Zimmer schützt mich vor der Kälte.

Trennt mich vom Nebel.

Doch nicht von Dauer ist der Schutz.

Irgendwann muß ich hinaus.

Mich dem Grau stellen.

Der kalte Nebel wird mich umhüllen.

Wie ein Mantel aus Unbehagen.

Wird letzte Wärme aus mir saugen.

Ich werde in mir selbst verschwinden.

Es wird nichts nützen.

Gekrümmt und frierend werde ich meinen Weg gehen.

Das Ziel kann ich nicht ausmachen.

Es liegt im Nebel irgendwo verborgen.

Langsam werde ich vorankommen.

Fast auf der Stelle tretend.

Denn das Grau ist überall gleich.

Und so werde ich selbst verborgen werden vor anderen.

Niemand wird mich finden.

Ich werde zum unsichtbaren Ziel.

Verborgen vor fremden Blicken.

Geschützt vor fremdem Zugriff.

Ich werde ein Teil des Nebels.

Und Nebel wird in mir sein.

Vielleicht sollte ich dankbar sein.

Für den Nebel.

Dankbar für jeden grauen Tag.

Spurensucher

Endlos ziehen sie dahin.

Tasten in der Endlichkeit.

Zeichen suchen sie.

Spuren in der sternenlosen Nacht.

Schwarzer Schleier deckt das Dagewesene.

Wolken hüllt der Mond vors Angesicht.

Nachtwind singt die Totenklage.

Die stete Messe unsrer Seelen.

An ihren Händen klebt kein Blut mehr.

Sie wuschen sie in Unschuld.

Doch von ihren bleichen Schädeln

perlt noch Angstschweiß.

Spurensucher.

Und jeder in dem langen Zug

hofft, sie nie zu finden...

Gegenwart und Zukunft

Nur wenig ist uns geblieben von dem, was mal war.

Und immer weniger wird bleiben.

Vom Schlechten, aber auch vom Guten.

Denn auch davon gab es viel.

Auch wenn es niemand mehr wahrhaben will.

Auch Gutes war da.

Doch irgendwann wird die Erinnerung daran

verschwunden sein.

Niemand wird mehr davon reden, wie es früher einmal

war.

Weil es keiner mehr weiß.

Weil der Letzte, der noch dabei war, inzwischen stumm

geworden ist.

Und weil es niemanden mehr interessieren wird.

Es ist dann keine Vergangenheit mehr da und kein

Traum ist übrig.

Und nichts von dem, was uns einst verband und was uns

trennte.

Und dann werden wir alle ärmer sein.

Und nicht mehr wissen, wer wir sind.

Ich bin traurig, wenn ich so denke.

Und mir ist kalt...

Stadt

Menschen hasten durch die Straßen.

Grelle Neonwerbung prangt.

Laternenlicht, gedämpft im Dunst.

Der Wind fegt um die Häuserecken.

An der Mauer steht ein Straßenmusikant.

Staub wirbelt in der Luft.

Der Lärm der Autos klingt im Ohr.

Niemand kennt mich hier.

Die Stadt, sie ist so fremd, so fern.

Es pulst ein Leben durch die Straßen.

Ein Leben, das nicht meines ist.

Die Stadt, sie ist so bunt und hell.

Die Schatten liegen hinter den Fassaden...

Sturm

Unter den Himmeln
krümmt sich das Land.
Duckende Buckel die Hügel.
Mit quälenden Hieben peitscht der Regen herab.
Winselnd umspringt Sturm das Haus.
Entfesselte Mächte.
Glück ist das Regengeström.
Netzend Gesichter.
Geißelnd die Erde.
Sturmgewalt.
Aufatmend im Schrei
die dürstende Seele.

Dänischer Traum

Endlos ist das Land zu meinen Füßen.

Das satte Grün der Wiesen bis zum Horizont.

Die dunklen, kühlen Wälder.

Der klare Himmel voller windgetriebner Wolken.

Nie stillestehend, immer in Bewegung.

Sauber ist die Luft und frisch.

Vom Meer her trägt sie Salz auf meine Lippen.

Ich schließ' die Augen, spür' die Urgewalt der Nordsee.

Sehen möcht' ich die Unendlichkeit.

Ich stehe an der Küste.

Steil abfallend ist sie hier.

Gigantisch wie ein Fels.

Feiner Sand ist in der Luft.

Der Wind trägt das Rauschen der See in sich.

Tief unten seh' ich die weißen Kämme der Wogen.

Mein Haar flattert im Wind.

Die Mütze muß ich festhalten mit beiden Händen.

Ich stemme mich der Gewalt des Windes entgegen.

Bis zum Horizont reicht der Blick.

Wo sich der Himmel vermischt mit der Gischt der

Wogen.

Und die Elemente eins werden.

Sich sammeln zu einem Universum.

Wo Unterschiede verschwinden und nichtig werden.

Wo Klarheit regiert und Sichtbarkeit.

Ich kann den Blick nicht abwenden vom tobenden Meer.

Fast glaube ich zu träumen.

Kann nicht fassen, daß es soviel Schönheit gibt.

Ehrfurcht erfaßt mich vor der Natur.

Und ich möchte schreien vor Glück.

Nur eine alte Geige

Ich habe eine Vorliebe für Musikinstrumente. Im Laufe der Jahre sammelte sich so einiges an. Eine Gitarre, verschiedene Flöten, eine Mundharmonika, ein Keyboard. Sehr zum Leidwesen meiner Frau. Ich kann eben nicht an Musikalienhandlungen vorbeigehen. Auch eine Geige hätte ich schon immer gern besessen. Aber der Preis... Also ließ ich es beim Traum bewenden.

Bei uns im Haus wohnte ein altes Ehepaar. Der Mann war früher einmal Musiker gewesen. Bis zum Krieg und auch noch in die Zeit des Krieges hinein. Dann wurde die linke Hand durch eine Verwundung verkrüppelt. Es war vorbei mit dem Spielen. Aber er besaß seine alte Geige noch immer. In der Dachkammer wurde sie aufbewahrt. Ich hatte sie nie gesehen. Traute mich auch nicht, danach zu fragen. Ich wußte nur, daß sie irgendwo existierte. Eines Tages wurde die alte Frau krank. Bettlägerig sogar. Der Mann war recht hilflos. Einiges älter als seine Frau, mittlerweile fast blind und auch nicht daran gewöhnt, Hausfrauenarbeit zu verrichten. Zweimal die Woche kam eine Pflegerin von einem Wohlfahrtsverband. Sie machte sauber, wischte auch mal die Treppe. Aber eben nur zweimal die Woche und das auch nur in knapp bemessener Zeit. Und so kam es, daß sich meine Frau um die alten Leute zu kümmern begann. Viele Wochen und Monate. Es kostete sie viel Zeit und Kraft. Irgendwann kam der Zeitpunkt, wo sich die Krankheit der alten Frau so sehr verschlimmert hatte, daß sie ins Krankenhaus mußte. Dem Mann blieb nichts anderes übrig, als einer vorübergehenden Einweisung in ein Pflegeheim zuzustimmen. Das mußte für ihn wohl eine Katastrophe sein. Jeglicher Freiheiten beraubt, fast entmündigt und ohne seinen geliebten kleinen Garten starb er schon nach kurzer Zeit, ohne daß wir ihn noch einmal gesehen hatten. Die alte Frau kam eine Weile später aus der Klinik nach Hause. Wir dachten, sie würde sich wieder erholen. Es ging ihr auch recht gut und sie machte Pläne. Ganz plötzlich mußte sie aber wieder zurück ins Krankenhaus und starb dort auch wenige Tage später.

Es war wieder etwas leerer geworden im Haus. Mehr als zehn Jahre waren wir Nachbarn gewesen. Dann kamen bald fremde Leute ins Haus, irgendwelche Verwandte der alten Leute. Sie begannen den Haushalt aufzulösen. Sie, die sich nie sonderlich um das Ehepaar gekümmert hatten, schleppten nun Stück für Stück aus der Wohnung. Alte, schöne Bücher und Möbel. Porzellan. Das tat uns doch weh. Wir hatten nie daran gedacht, etwas zu erben, aber das, was nun passierte, fanden wir ungerecht. So spielt das Leben. Auch die Dachkammer wurde ausgeräumt. Sie war leer, als all die vielen Leute wieder verschwunden waren und Stille einzog im Haus. So war auch die letzte Hoffnung für mich dahin, jemals in den Besitz der alten Geige zu gelangen. Damit mußte ich mich abfinden. Ich ärgerte mich maßlos darüber, den alten Mann nicht schon vor Jahren nach dem schönen Instrument gefragt zu haben. Vermutlich hätte er mir die Geige sogar geschenkt in dem Bewußtsein, sie in guten Händen zu wissen. Nun gut, diese Chance hatte ich vertan.

Mehr als ein Jahr war vergangen. Frühling. Eines Tages machte ich mich daran, den Tisch, die Stühle und die Gartenbank aus dem Keller zu holen, um alles auf dem Hof aufzustellen. So, wie wir es schon seit einigen Jahren machten, um gelegentlich draußen Kaffee zu trinken oder abends zu grillen oder einfach nur der heißen und stickigen Wohnung für ein paar Stunden zu entrinnen. Da stellte ich fest, daß die Tischbeine fehlten. Also ging ich nochmal in den Keller und suchte. Vergeblich. Ich hatte keine Erklärung. Zum Schluß ging ich sogar noch auf den Wäscheboden, weil ich inzwischen vermutete, die Beine irgendwann aus dem feuchten Keller auf den Boden getragen zu haben. Fehlanzeige. Kopfschüttelnd

stieg ich die steile Treppe vom Boden wieder hinab.
Zufällig fiel mein Blick hinter den Fuß der verstaubten
alten Holztreppe. Es war fast völlig dunkel. Plötzlich
erregte ein dunkler, länglicher Gegenstand meine
Aufmerksamkeit. Ich ging darauf zu und erkannte die
Form eines altmodischen Geigenkastens. Mit
angehaltenem Atem zog ich das von dickem Staub
bedeckte Etwas hervor, klappte vorsichtig den Deckel
hoch und... , vor mir lag die alte Geige, von der ich so
lange geträumt hatte. Fast wollte ich meinen Augen nicht
trauen. Seit Jahren schon mußte das Instrument dort
gelegen haben. Von allen vergessen und zu meinem
großen Glück übersehen von den Leuten, die mit dem
Ausräumen der Wohnung des alten Ehepaares betraut
waren.

Nun war ich am Ziel meiner Wünsche. Ich hielt die Geige
des alten Mannes in der Hand. Glücklich tastete ich über
das Holz. Alte Handwerksarbeit. Ich erkannte, daß das
schöne Instrument einige Schäden aufwies. Doch sicher
würde ich alles reparieren können. Nur den arg
zerfetzten Bogen würde ich in die Werkstatt bringen
müssen. Ohne große Umschweife machte ich mich an die
Arbeit.

Die wenigen Tage, die ich auf die Reparatur des Bogens

warten mußte, wollten einfach nicht vergehen. Die anderen notwendigen Arbeiten hatte ich schon längst getan und auch neue Saiten aufgezogen. Immer wieder nahm ich die Geige in die Hand. Ich freute mich wie ein kleiner Junger, wenn ich das schöne Stück betrachtete. Wenn ich die Saiten zupfte und schon die ersten Töne zu hören glaubte. Oft blätterte ich in der Geigenschule, die ich mir zugelegt hatte. Ich konnte es kaum erwarten, endlich den Bogen zur Hand zu nehmen, um dem Instrument die ersten Töne zu entlocken.

Und dann war es soweit. Erwartungsvoll setzte ich den Bogen an und... , nichts passierte. Kein Ton kam. Damit hatte ich nicht gerechnet. Ich begann, herumzuprobieren. Variierte die Spannung des Bogens, schob den Steg auf dem Deckel in die verschiedensten Positionen. Erfolglos. Dann fiel mir endlich ein, daß ein neu bespannter Bogen eine gewisse "Einarbeitungszeit" benötigt. Uns so strich ich unverdrossen weiter auf der hartnäckig stummen Geige herum, die höchstens ab und zu ein heiseres Krächzen hervorbrachte. Und dann endlich kamen die ersten schrecklich schrägen Töne. Aber sie klangen in meinen Ohren wie die herrlichsten Harmonien, wußte ich doch nun, daß ich endlich mit dem Spiel beginnen konnte. Mit Feuereifer ging ich ans Werk.

Geigespielen ist etwas besonderes. Diese Erkenntnis kam mir schnell. Bei anderen Instrumenten sind die Töne festgelegt durch Bundstäbe, Tasten oder entsprechende Löcher für die einzelnen Finger. Folglich sind die Tonhöhen immer gleich. Nicht so bei einer Geige. Ich merkte, daß ich jeden Ton immer wieder neu ertasten muß. So wird die spielende Hand zum verlängerten Ohr. Und irrt so lange auf dem Griffbrett umher, bis das unbestechliche Ohr zufrieden ist. Beharrlichkeit und Ausdauer waren nun angesagt.

Schon seit vielen Monaten bin ich glücklicher Geigenbesitzer. Ein paar Lieder bringe ich inzwischen leidlich zu Gehör. Bescheidene Fortschritte haben sich eingestellt. Vieles um mich herum hat sich verändert seit dem Tag im Frühling, an dem ich die verschwundenen Tischbeine suchte. Sie blieben übrigens verschwunden und ich habe neue anfertigen müssen. Aber immer noch leuchten meine Augen, wenn ich die Geige aus dem altmodisch schwarzen Kasten nehme, die Saite stimme und den Bogen ansetze zum Spiel. Und manchmal denke ich dann an den alten Mann, den die Geige sein ganzes Leben hindurch begleitet hatte. Und mit der er anderen Leuten zum Tanz aufspielte in vergessenen Vorkriegstagen. Ich werde der nächste sein, den die Geige begleiten wird bis zum letzten Tag. Und ich wünsche mir, daß sie dann unter einer verstaubten

Bodentreppe gefunden wird. An einem Tag im Frühling. Von einem, der glücklich ist, sie zu besitzen.

Vergänglichkeit

Weißer Rauhreif kam des Nachts.

Zarter Flor hängt an den Zweigen

Kristalle, winzig und so schön.

Die Luft ist voller Dunst.

Sonne dämmert rötlich hinter Wolkenschleiern.

Verbirgt ihr Antlitz vor der Schönheit der Natur.

Die Krähe hockt in dichtem Astgewirr.

Mein Tritt drückt Spuren in das Weiß des Wegs.

Sie werden bald verloschen sein.

So wie auch ich einst gehen werde.

Ich hoff', ich kann noch viele Wintertage sehn...

Geburtstag

Ein Tag im Januar.

Ein Tag im Winter.

Regen stiebt auf kahle schwarze Bäume.

Das Dorf liegt flach in stiller Weite.

Gedanken an Vergangenes.

Erinnern an so manches Jahr.

Ein Blumenstrauß und Kartengrüße.

Von Blumen, die im Kopf noch wachsen,

sind viele schon verblüht.

Doch manche tragen zarte Knospen.

Vielleicht erblühn sie einst...

Ein Tag im Januar.

Ein Tag im Leben ist so kurz...

Inhalt

Verzeichnis der Bilder

Die Schreibweise der vorliegenden Texte richtet sich nicht nach den
Regeln der neuen deutschen Rechtschreibung.